127 COISAS PARA SER FELIZ

Donna Wilkinson

127 Coisas para ser feliz

Um guia para o essencial da vida

Tradução de

Vitória Paranhos Mantovani

Ediouro

Título original: *The only 127 things you need – a guide to life's essentials*

Capa: Marcelo da Paz
Fotos de capa: Nikada / Ivan Mateev / Eva Serrabassa / Alexey Ivanov / Vjeran Lisjak / Nikolay Hadzhiev / Don Bayley / Nick Tzolov / g_studio / Varvara Konobeeva
Projeto gráfico e diagramação: Dany Editora Ltda.
Preparação de textos: Tuca Faria
Revisão técnica: Amanda Orlando
Revisão: Flávia Schiavo / Ana Julia Cury

Dados Internacionais de Catalogação na Publicação (CIP)
(Câmara Brasileira do Livro, SP, Brasil)

Wilkinson, Donna
127 coisas para ser feliz: um guia para o essencial da vida / Donna Wilkinson; tradução Vitória Paranhos Mantovani. – São Paulo: Ediouro, 2010.

Título original: The only 127 things you need: a guide to life's essentials.
ISBN 978-85-00-01405-5

1. Conduta de vida 2. Saúde – Promoção I. Título

08-09741 CDD-646.7

Índice para catálogo sistemático:
1. Administração da vida pessoal 646.7
2. Vida pessoal: Administração 646.7

Texto estabelecido segundo o Acordo Ortográfico da Língua Portuguesa de 1990, em vigor no Brasil desde 2009.

Rua Nova Jerusalém, 345 – Bonsucesso
Rio de Janeiro – RJ – CEP 21042-235
Tel.: (21) 3882-8200 Fax: (21) 3882-8212 / 3882-8313
www.ediouro.com.br

Agradecimentos

Quero agradecer às seguintes pessoas pela ajuda, pela sabedoria, pela inspiração e pelo encorajamento:

À minha editora, Sara Carter, e à minha agente, Stephanie Rostan, da Levine Greenberg. Sem elas este livro jamais teria se tornado realidade.

Aos meus amigos e colegas, especialmente David Masello, Terry Keaney, Madeline Johnson, Michael Brandow, Anne Edgar, Ellen Fader, Robert Traub, Tracey Harden, Virginia Avent, Alex Ward, George Gustines, Claudia Payne, Eric Wilson, Larry Silver, Joseph Santry, John Webb, Mark Goode, Courtney Woods, Molly Sperret, Betsy Brown e Gregory St. John.

A Richard Zoehrer pelos gráficos meticulosos, à doutora Joyce Brown, presidente do Fashion Institute of Technology, e à professora Joanne Arbuckle, reitora da Escola de Arte e Design do Fashion Institute of Technology.

À minha família, pelo amor e apoio.

Por fim, quero expressar minha mais profunda gratidão a todos os especialistas mencionados neste livro, que tão generosamente partilharam comigo seu conhecimento e seu tempo valioso.

Para Ray

Sumário

ESPÍRITO

III.
A JORNADA INTERIOR:
UM ESPÍRITO SAUDÁVEL

Introdução

Há cerca de vinte anos — no dia 15 de maio de 1988, para ser exata — recortei um pequeno artigo da *New York Times Magazine* intitulado "Moda rápida para o verão", escrito pela falecida Carrie Donovan, a celebrada decana de estilo do jornal. O artigo, que mal continha uma centena de palavras, oferecia dicas para a compra de roupas para a estação mais quente do ano.

"Um guarda-roupa baseado em três cores funciona melhor do que aquele que abrange todo o arco-íris", escreveu Donovan. "Menos é mais. Um vestido, um suéter, duas calças compridas, três camisas, um paletó ou blazer, duas saias, duas blusinhas e um punhado de camisetas são o suficiente para a estação e para múltiplas situações."

Lá estava toda a informação de que eu precisava amarrada com um laço perfeito. Aquele artigo, que oferecia dicas essenciais de como se vestir bem, evitando aqueles erros crassos e dispendiosos que muitos de nós cometemos em todas as épocas do ano, me trouxe uma nova luz. Ele ensinava algo muito mais importante.

Aquele artigo pequeno e modesto foi a inspiração para este livro. Sua clareza sempre me lembrou a de uma receita culinária: aqui estão os ingredientes essenciais de que você precisa e, se misturá-los corretamente, terá um estilo. Mas, deixando de lado a moda de verão, eu me perguntei por que não poderia haver um livro que relacionasse os itens indispensáveis para muitas áreas da vida — desde nossa saúde, passando por nossos lares e até nosso crescimento pessoal. Nos últimos anos, muito se tem escrito sobre maneiras de "enxugar" e reduzir o "entulho" em nossas existências. Porém, como "enxugar" se não sabemos o que é o básico? E como saber o que é o básico quando existem tantas informações conflitantes por aí?

O objetivo deste livro é selecionar todas essas informações. Ele apresenta listas detalhadas de coisas imprescindíveis, baseadas em entrevistas com sessenta importantes especialistas em suas áreas, cobrindo uma ampla gama de necessidades humanas: alimento, sono, exercício, vestuário, abrigo e segurança, bem-estar geral, saúde mental e espiritualidade.

Do que realmente precisamos na vida? Muitas mentes brilhantes têm refletido sobre essa questão durante décadas, e existem diversas teorias a respeito. Talvez a mais famosa seja aquela proposta pelo psicólogo Abraham Maslow, que, em 1943, escreveu o ensaio "A teoria da motivação humana", no qual delineou uma Hierarquia de Necessidades formada de vários níveis: os primeiros eram fisiológicos (alimento, sono, e assim por diante), seguidos pelas necessidades sociais, de segurança, de estima e de autorrealização.

Embora este livro leve em conta muitas dessas necessidades, não é de maneira alguma um estudo científico. Está dividido em três seções: Um Corpo Saudável, Uma Mente Saudável e Um Espírito Saudável. Cada seção é formada de capítulos que focalizam uma necessidade humana — digamos, exercício, abrigo ou vestuário — com uma relação de itens essenciais baseada nas opiniões de especialistas conceituados, acompanhada por um texto explicando por que esses itens são tão importantes. Por exemplo, na seção Um Corpo Saudável há um capítulo sobre o sono, com uma lista de coisas imprescindíveis: quanto de sono precisamos e como podemos tirar mais proveito do tempo em que estamos dormindo. Na mesma seção há um capítulo sobre alimentos, também básicos para a sobrevivência, com uma relação dos ingredientes essenciais para maximizar os nutrientes em nossa dieta.

É evidente que sei que algumas categorias são muito mais complexas do que outras. Por exemplo, a espiritualidade não é tão tangível quanto o alimento e o vestuário, e, portanto, se torna mais difícil resumir o tema em uma lista. Ainda assim, essa seção contém alguns itens fundamentais que irão ajudar a elevar nossa conscientização e percepção, mas não são necessariamente a única maneira.

Este livro é um guia para chegarmos ao básico, e não precisa ser lido em nenhuma ordem específica. Na verdade, muitos dos elementos essenciais se sobrepõem. Por exemplo, a necessidade de amor e conexão social é tão fundamental para o bem-estar geral quanto para a mente e o espírito saudáveis. Quando se trata de corpo, mente e espírito, o todo é a soma das partes. O que afeta um afetará o outro.

Como seria de se esperar, nem todos os especialistas compartilham as mesmas opiniões. No entanto, devo dizer que, de maneira geral, estão mais de acordo do que em desacordo. As listas de itens essenciais foram compiladas seguindo a opinião majoritária; se um especialista em particular achava que uma área era mais importante do que outra, eu o citei somente naquela seção. Por exemplo, na categoria da espiritualidade alguns especialistas achavam que o ritual era indispensável, enquanto outros não mantinham essa crença. Cada capítulo também inclui informações estatísticas, bem como quaisquer estudos recentes.

Então de que realmente precisamos? Essencialmente, todos nós queremos ser felizes e saudáveis, e ter uma vida boa. Minha esperança é de que, nas páginas que se seguem, eu tenha fornecido os básicos "enxutos" para ajudá-lo a chegar lá.

Sobre a questão do básico para se ter uma vida boa, é interessante notar que, no artigo sobre moda escrito por Carrie Donovan em 1988, talvez a maior preciosidade em forma de conselho tenha sido a sua primeira palavra: "simplifique".

Corpo

I.

O BÁSICO: UM CORPO SAUDÁVEL

Seu corpo é precioso. É o seu veículo para o despertar. Trate-o com cuidado.

— BUDA

O que é preciso para termos uma vida saudável? Essa não é uma pergunta fácil de se responder, sobretudo nos dias de hoje, quando recebemos tantas e tão variadas mensagens sobre o que devemos e não devemos fazer.

Para esclarecer as questões, nesta seção focalizei cada uma de nossas necessidades fisiológicas básicas — alimento e água, sono, exercício, bem-estar geral (incluindo hábitos de vida, cuidados médicos adequados e assim por diante), vestuário, abrigo e segurança. Pedi a uma variedade de especialistas importantes e conceituados em suas áreas que fornecessem, para cada categoria, respostas a perguntas como: o que é essencial para uma dieta nutritiva? O que é essencial para uma boa noite de sono? O que é essencial para o bem-estar geral? E relacionei suas respostas em listas claramente definidas para cada assunto.

É claro que nada é apenas preto e branco. Somos criaturas complexas cujos corpos físicos funcionam atrelados aos nossos cérebros. Quando as nossas necessidades fisiológicas não são satisfeitas, isso afeta o funcionamento de nossa mente e nosso espírito, e vice-versa.

Como resultado, alguns essenciais que aparecem na seção sobre o Corpo também irão aparecer nas seções sobre a Mente e o Espírito. Por exemplo, os exercícios não mantêm em forma apenas nossos corpos, mas também beneficiam a mente, pois bombeiam o sangue rico em oxigênio para o cérebro. E o amor e a conexão são tão fundamentais para a saúde do corpo quanto para a saúde da mente ou do espírito.

Os essenciais para o corpo são:

Alimentos nutritivos
Uma boa noite de sono
Exercícios regulares
Bem-estar geral
Vestuário
Abrigo e segurança

A substância da vida: alimentos nutritivos

Que o alimento seja o teu remédio e
que o remédio seja o teu alimento.

— HIPÓCRATES

A máxima que afirma que "você é o que você come" talvez esteja bem desgastada, porém cada vez mais as pesquisas demonstram que o alimento que consumimos tem um efeito profundo em nossa saúde, aparência e longevidade. Mas com tantas informações contraditórias e tantas opções de alimentos que existem por aí, isso pode nos confundir. O que constitui, afinal, uma dieta saudável? De acordo com os especialistas, os alimentos essenciais para uma ótima saúde são:

- Grãos integrais
- Verduras e legumes
- Frutas
- Nozes, sementes e leguminosas
- Peixes, aves e ovos
- Óleos saudáveis (óleos vegetais como azeite de oliva ou óleo de linhaça)
- Fontes de cálcio (laticínios com baixo teor de gordura ou suplementos alimentares)
- Múltiplas vitaminas

Por que precisamos de alimentos nutritivos

Exposto de maneira simples, o alimento é o combustível que nos fornece energia para viver. O corpo processa os alimentos para obter moléculas cruciais, chamadas de nutrientes, que irão desempenhar milhares de funções em nossas células, como a construção e a manutenção dos ossos, o bombeamento do sangue, o fortalecimento da imunidade, a restauração de tecidos, e assim por diante. Para que todos esses sistemas funcionem adequadamente, o organismo necessita de uma ampla variedade de nutrientes — mais de cinquenta —, que são classificados como proteínas, carboidratos, gorduras, água, vitaminas e minerais.

Quando não temos todos esses nutrientes em nossa dieta, nossos corpos podem se tornar deficientes. "No extremo, se estamos demasiadamente carentes de algo que seja essencial, iremos desenvolver doenças como escorbuto ou pelagra, e até mesmo morrer", diz o doutor Walter C. Willett, autor de *Coma, beba e seja saudável: o guia de alimentação da Harvard Medical School* e chefe do Departamento de Nutrição da Escola de Saúde Pública de Harvard. "Em condições menos extremas talvez possamos viver, mas sem funcionar otimamente. Uma diversidade de coisas pode dar errado — apresentarmos menos energia, deficiências no nascimento ou doenças graves como câncer ou problemas cardíacos."

Uma dieta pouco saudável também está ligada a dois flagelos da vida moderna: obesidade e diabetes. De acordo com os números referentes a 2003-2004 dos Centers for Disease Control and Prevention (CDC), 66,3% dos norte-americanos estão acima do peso ou são obesos, e esse número vem crescendo, sobretudo entre crianças. Além disso, a agência diz que a taxa de diabetes aumentou 14% desde 2002. Uma dieta pobre também pode contribuir para o surgimento de doenças gastrointestinais, deterioração dos dentes e gengivas, problemas de visão, osteoporose e possivelmente até mesmo o aparecimento da doença de Alzheimer.

O problema: comemos demais os alimentos errados e o insuficiente dos alimentos certos. Os CDC relatam que a maioria dos adultos norte-americanos não ingere a quantidade recomendada de cinco ou mais porções de frutas e verduras por dia. Muitos de nós temos estilos de vida frenéticos, porém sedentários. Trabalhamos muito, cuidamos de nossas famílias, e acaba sobrando pouco tempo para fazer exercícios ou preparar refeições nutritivas. Por isso quase sempre comemos o que é prático e conveniente: alimentos processados e pré-embalados de supermercados ou de restaurantes fast-food, em geral acompanhados de bebidas açucaradas — uma combinação que pode ser altamente calórica e pobre em nutrientes.

O que deveríamos comer? Não é tão difícil. "O segredo das dietas saudáveis é ingerir uma variedade de alimentos em pequenas quantidades", diz Marion Nestle, autora do livro *What to Eat* e professora de nutricionismo, estudos de alimentos e saúde pública na Universidade de Nova York. "Se você se alimentar de muitas frutas, verduras e grãos integrais e não ingerir calorias demais, o restante não terá tanta importância."

Para nos ajudar a entender o que precisamos comer, o doutor Willett e seus colegas cientistas da Escola de Saúde Pública de Harvard criaram a Pirâmide da Alimentação Saudável, que oferece diretrizes claras e precisas.

O essencial: o que dizem os especialistas

Tenha em mente que a nutrição é uma ciência que ainda está evoluindo, e que não existe uma única regra que sirva para todas as pessoas. Cada pessoa tem necessidades individuais baseadas no metabolismo, no sexo, na idade, no tamanho, na fase da vida e na genética. Porém há alguns itens fundamentais para todos. Para uma saúde excelente e para manter o peso ideal, você deve se concentrar em alguns alimentos essenciais (ver pirâmide na página 24).

Grãos integrais

Abundantes em fibras, vitaminas e minerais, esses "astros" nutricionais recaem na categoria dos carboidratos, que são nutrientes essenciais que nos fornecem energia. Nos grãos integrais — tais como aveia, centeio, trigo, cevada, painço, linhaça, quinoa e arroz integral —, o âmago do grão é mantido intacto. Em outras palavras, o grão não é alterado de maneira alguma.

Pirâmide da alimentação saudável

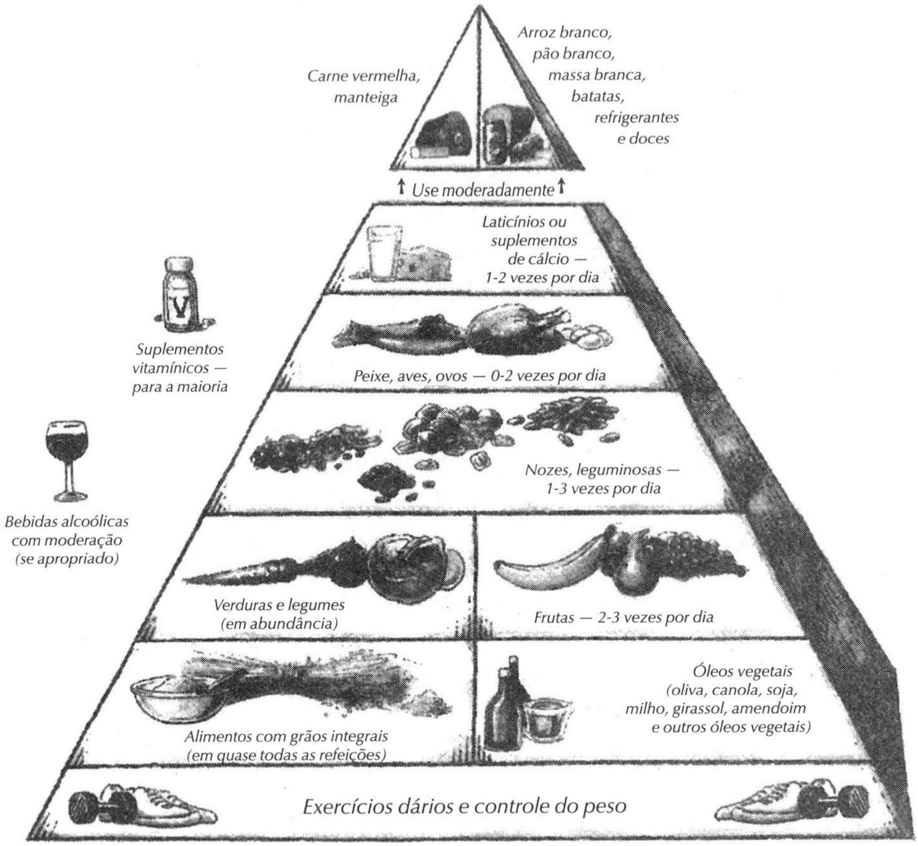

Fonte: Coma, beba e seja saudável, *de Walter C. Willett, M.D. Copyright © 2001 e 2005 by President and Fellows do Harvard College. Reimpresso com permissão de Simon & Schuster Adult Publishing Group.*

Quando os grãos são refinados (como aqueles usados em alguns produtos industrializados), as partes mais nutritivas (a fibra e o farelo) são extraídas durante o processo de moagem; o que resta é, então, transformado em farinha branca e "enriquecido" com alguns dos nutrientes que foram perdidos. Sem as fibras absorventes, os grãos refinados são convertidos mais rapidamente em glicose, que eleva o açúcar no sangue. Portanto, eles saciam menos do que os grãos integrais e, assim, tendemos a consumi-los em maior quantidade. Além disso, os alimentos industrializados com grãos refinados costumam ser preparados com mais sal, açúcar e gordura trans.

"Em geral, pelo menos até recentemente, quanto mais processado o alimento, mais calorias ele possui", diz Elizabeth Somer, nutricionista que participa com frequência do programa *Today* e é autora dos livros *Age Proof Your Body* e *10 armadilhas que detonam a dieta de uma mulher*.

Em contraste, os grãos integrais têm baixas calorias e são satisfatórios. Uma das razões para isso são as fibras. Elas tornam a absorção mais lenta, portanto o alimento é digerido mais devagar; isso ajuda a manter os níveis de açúcar no sangue e nos dá uma sensação de "estômago cheio", o que é muito útil no controle do peso. "Alimentos ricos em fibras nos satisfazem antes que estejamos saciados; assim tendemos a afastar o prato e não comer tanto quanto comeríamos se fossem grãos refinados", diz Somer.

Alimentos ricos em fibras também ajudam a manter o trato digestivo saudável. "Para as mulheres, as fibras são importantes durante o período menstrual, quando podem se sentir um pouco constipadas", afirma Bonnie Taub-Dix, nutricionista e porta-voz da Associação Dietética Americana.

Verduras e legumes

As verduras e os legumes se incluem em outra categoria de "superestrelas" na cadeia alimentar saudável porque são ricos em vitaminas, minerais e fibras. Qual a importância deles em sua dieta? "Considero as verduras e os legumes como sendo o centro do prato", diz o doutor Meir J. Stampfer, editor da *Vitamins and Minerals: What You Need to Know* da Harvard Health Publications, professor de epidemiologia e nutrição na Escola de Saúde Pública de Harvard e autor de mais de setecentas publicações científicas. "Todos os outros alimentos devem girar em torno destes."

As verduras e os legumes são repletos de antioxidantes e fitoquímicos (como flavonoides, polifenóis e carotenos), que são compostos químicos com efeitos benéficos para a saúde, tais como na diminuição de riscos de doenças cardíacas, derrame, alguns tipos de câncer e outras doenças. Eles também contêm muitas fibras, o que promove uma digestão saudável. Quando for comprar verduras e legumes, dizem os especialistas, prefira aqueles de cores vivas e intensas — laranja, amarelos, vermelhos e verde-escuros —, pois são os que possuem maior concentração de antioxidantes e carotenos.

Quanta verdura você deve comer diariamente? "Quanto mais, melhor", diz Elizabeth Somer. "Aqui não há um limite máximo, porém existe um limite mínimo — nunca menos do que cinco porções." No que se refere ao consumo de verduras e legumes, as notícias não são nada boas. Um relatório de 2007 dos CDC afirma que a maioria dos norte-americanos não ingere as quantidades recomendadas. De acordo com a pesquisa, apenas 27% dos adultos estão comendo três ou mais porções de verduras por dia.

Os norte-americanos, diz o doutor Willett, não comem o "verde" de que necessitam. "Quase metade da população não ingere quantidades suficientes de verduras de folhas escuras", ele afirma. "Esta é uma área à qual as pessoas têm de dar uma atenção especial." As verduras precisam estar frescas para ser nutritivas? Não necessariamente, afirma o doutor Willett. "Verduras e legumes congelados costumam ser tão bons quanto os frescos, e às vezes até melhores, pois são congelados logo depois de colhidos. E se comparados aos que foram transportados durante semanas e ficaram guardados em prateleiras ou geladeiras por até quinze dias ou mais, os congelados quase sempre terão um valor nutricional melhor." (Você se preocupa com pesticidas? Veja "Orgânico *versus* convencional?" na página 38.)

Frutas

Como as verduras, as frutas são poderosas usinas nutricionais repletas de vitaminas, minerais e fibras — bem como de substâncias promotoras de saúde, como os antioxidantes e fitoquímicos. O melhor de tudo é que, além de serem boas para a saúde, são doces, refrescantes e saborosas. Novamente, dizem os especialistas, prefira as de cores vivas ou bem escuras: mirtilo, laranja, melão, kiwi, cereja, ameixa e uva vermelha, por exemplo.

É melhor se estiverem frescas, mas as congeladas também podem ser saudáveis, de acordo com o doutor Willett. Muitos nutrientes são preservados quando a fruta é congelada, contudo alguns podem se perder quando a fruta é enlatada ou desidratada. E há o fator do açúcar. "Você precisa de variedade, mas deve se lembrar disso [de que as frutas têm seu açúcar, a frutose], e é por esse motivo que colocamos um limite para as frutas, pois pode-se consumir demais", diz o doutor Willett. Seja cauteloso com as frutas enlatadas, pois elas podem estar imersas em calda açucarada, e as frutas secas são "grudentas", o que talvez favoreça a deterioração dos dentes. Ainda assim, os benefícios para a saúde de se ingerir qualquer tipo de fruta superam de longe os pontos negativos.

Nozes, sementes e leguminosas

Estes alimentos são excelentes fontes de gordura saudável para o coração, além de fornecerem proteína, vitaminas, potássio e fibras. As nozes em geral, como amêndoa, avelã e pistache, e as sementes, como as de abóbora e girassol, contêm vitamina E, magnésio e potássio, bem como o colesterol "bom", ou gorduras insaturadas, que podem reduzir o risco de doenças cardíacas e outras enfermidades. Mas se você se preocupa com o peso, não exagere — apenas um quarto de xícara de nozes moídas tem cerca de 20g de gordura e 200 calorias, portanto limite seu consumo a cerca de 30g por dia.

No entanto, fique à vontade para consumir as leguminosas — tais como feijão-preto, feijão-mulatinho, ervilha e lentilha —, que são ricas em proteína, ferro e vitaminas do complexo B, porém têm pouca gordura e baixas calorias. "Porque as leguminosas têm alto teor de fibra e água, tendem a saciá-lo rapidamente, e é provável que por isso você acabe comendo menos. Elas são ótimas para o controle e a manutenção do peso", diz Somer.

Peixes, aves e ovos

Todos esses alimentos são boas fontes de proteína. O peixe é um componente fundamental para uma dieta bem equilibrada — principalmente as variedades oleosas como o salmão, que contêm nutrientes como as vitaminas B e ácidos graxos ômega-3, benéficos para a saúde do coração.

Observação de segurança. Alguns peixes podem conter mercúrio e outros contaminantes, incluindo os PCBs,* que podem ser prejudiciais aos fetos em desenvolvimento e crianças pequenas. A Agência de Proteção

* O bifenil policlorado, em geral conhecido por PCB, é um composto químico que pode dar origem a diversos derivados (os PCBs) de elevada toxicidade e persistência ambiental. Altas con-

Ambiental recomenda que crianças pequenas e mulheres grávidas, que estão amamentando ou tentando engravidar evitem ingerir peixes como o tubarão, peixe-espada e cavala.

As aves (frango e peru) são uma boa fonte de proteína magra — dependendo de como você as consome, é claro. "Prefira sempre a carne branca, e retire a pele", sugere Somer. E não as consuma como frituras, o que irá aumentar a ingestão de gorduras. "É melhor comê-las assadas ou cozidas, de qualquer maneira que não exija o uso de gordura."

Observação de segurança. As aves e os peixes podem ser suscetíveis a bactérias como a salmonela. Quando os preparar, não deixe que o sangue entre em contato com outros alimentos. (Para mais informações, veja "Dicas gerais de chefs renomados", na página 137, em "Um teto sobre a cabeça: abrigo e segurança", na página 133).

Outrora o ingrediente-padrão de um café da manhã saudável, os ovos caíram em desgraça nas últimas décadas por causa do elevado teor de colesterol nas gemas. Porém, nos anos recentes, sua reputação de alimento integral foi restaurada — e com razão. Os ovos são ótimas fontes de proteína e contêm nutrientes importantes, tais com as vitaminas A e B12 e minerais como ferro e zinco. Se você for uma pessoa saudável, ingerir uma quantidade moderada de ovos (até mesmo um por dia) será benéfico. "Mas", diz o doutor Stampfer, da Escola de Saúde Pública de Harvard, "para indivíduos com diabetes ou com elevado risco de diabetes, ou aqueles com problemas de colesterol, creio que existem evidências suficientes para que sejam bastante cautelosos no consumo de ovos".

Observação de segurança. Os ovos podem estar contaminados com a bactéria salmonela, portanto você deve cozinhá-los completamente e evitar comê-los crus ou parcialmente cozidos.

Óleos saudáveis

As gorduras são outro grupo de alimentos que foi vilipendiado nos últimos anos. No entanto, trata-se de um componente fundamental para

---

centrações de PCBs provocam irritações cutâneas nos adultos, mas é nas crianças que os efeitos são mais graves. (N. do E.)

a dieta saudável. As gorduras fornecem energia, deixam os alimentos mais saborosos e produzem uma sensação de saciedade, pois sua digestão é lenta. Entre outras coisas, são essenciais para a absorção das vitaminas e para manter saudáveis olhos, pele, ossos e sangue. Entretanto nem todas as gorduras são iguais.

As gorduras insaturadas (ou "boas") — encontradas nas plantas oleaginosas — incluem os óleos de oliva, canola e linhaça (chamadas de monoinsaturadas) e ajudam a baixar os níveis de colesterol no sangue, reduzindo o risco de doenças cardíacas e derrame. As gorduras saturadas (ou gorduras "ruins") — encontradas em produtos de origem animal como manteiga e carne vermelha — e as gorduras trans — encontradas em óleos sintéticos hidrogenados usados em muitos alimentos industrializados — elevam os níveis de colesterol no sangue, aumentando o risco de doenças cardíacas, derrame e alguns tipos de câncer. Portanto, tente obter toda a gordura da sua dieta nos tipos insaturados de gordura.

É evidente que até mesmo as gorduras boas são muito calóricas, por isso não exagere. "Quando se espalhou a mensagem de que ninguém precisaria se preocupar com a quantidade de gordura, contanto que se estivesse ingerindo azeite de oliva e gorduras 'boas', todo mundo voltou a acrescentar gorduras em sua dieta, e o peso das pessoas nem assim diminuía", informa Bonnie Taub-Dix. "Portanto, continue de olho nas calorias."

Fontes de cálcio

O cálcio é um mineral essencial para a construção e a manutenção de ossos e dentes. Outros elementos importantes para a equação de construção dos ossos são: vitamina D, que é necessária para a absorção do cálcio; vitamina K (das folhas verdes); proteína, potássio e outros nutrientes; exercícios regulares com pesos; e, para as mulheres, estrogênio, que ajuda o organismo a metabolizar o cálcio.

Quando as mulheres atingem a meia-idade, começam a perder estrogênio, tornando mais difícil a absorção de cálcio pelo organismo. Depois da menopausa, os níveis de hormônios caem de maneira significativa, enfraquecendo os ossos e colocando as mulheres em risco de fraturas e osteoporose.

De acordo com a National Osteoporosis Foundation (NOF), as mulheres podem perder até 20% de massa óssea ou mais num período de cinco ou sete anos depois da menopausa.

Contudo, a osteoporose não é uma doença apenas das mulheres. Quando os homens envelhecem, também passam a ter dificuldade para absorver o cálcio, e também podem sofrer perda óssea, embora num ritmo mais lento do que o das mulheres. (As causas da osteoporose podem estar relacionadas a uma variedade de fatores, de acordo com os National Institutes of Health: hormônios, opções de estilo de vida como fumar ou ingestão de determinados medicamentos.)

"Os homens também correm o risco de ter osteoporose", diz Bonnie Taub-Dix. "A saúde dos ossos realmente tem sido enfatizada para as mulheres porque elas são mais propensas à perda de massa óssea durante a menopausa, mas os homens não estão imunes a esse problema." Este fato, ela afirma, "tem sido suficientemente divulgado". A National Osteoporosis Foundation informa que cerca de 10 milhões de norte-americanos sofrem dessa doença — deste número, 8 milhões são mulheres e 2 milhões, homens. A NOF estima que cerca de 34 milhões de norte-americanos têm baixo nível de massa óssea, o que aumenta o risco da doença.

Ter ossos fortes torna-se cada vez mais importante à medida que envelhecemos, sobretudo porque estamos vivendo mais e precisamos manter o máximo de mobilidade. De acordo com a NOF, um em cada cinco pacientes que sofreram de fraturas nos quadris acaba sendo internado em casas de repouso.

As recomendações atuais para a quantidade de cálcio nos Estados Unidos são de 1.000mg por dia para mulheres e homens com idade entre 19 e 50 anos (1.200 a 1.500mg para mulheres que estão grávidas ou amamentando), e 1.200mg por dia para mulheres e homens acima dos 50 anos. Muitos norte-americanos estão bem abaixo desses números.

Como introduzir mais cálcio em nossa dieta? Uma das maneiras mais simples é através do leite e laticínios (uma xícara de iogurte tem cerca de 450mg de cálcio, e uma xícara de leite cerca de 300mg). As recomendações atuais do USDA (sigla do nome em inglês do Departamento de Agricultura dos Estados Unidos) para mulheres e homens com idade entre 19 e 50 anos são de três copos diários de leite ou derivados. Se você consome laticínios, prefira os produtos sem gordura, ou com baixos teores de gordura, pois o leite integral possui quantidades elevadas de calorias e gorduras saturadas.

Os produtos derivados do leite podem causar problemas digestivos em algumas pessoas. Cerca de 70% da população adulta mundial é intolerante à lactose, o que significa que não pode digerir facilmente a lactose, que é o açúcar encontrado no leite e em seus derivados. Se você tem esse problema, experimente os laticínios sem lactose.

Embora o USDA recomende três xícaras de leite por dia, o doutor Stampfer, de Harvard, afirma que deveríamos obter o cálcio através de uma variedade de fontes alimentares.

"Não é que os laticínios devam ser evitados, mas devo dizer, quanto a essa ideia de que as mulheres têm de ingerir grandes quantidades de laticínios, que não existe evidência que demonstre que aquelas que estão consumindo laticínios nesse nível tenham melhores resultados para a saúde do que as que os consomem em menor quantidade", afirma o doutor Stampfer. "O cálcio é essencial para nosso organismo. Creio que é bom obter parte dele dos laticínios, mas de modo algum eu recomendaria três copos de leite por dia."

Além dos laticínios, o cálcio pode ser encontrado em alguns cereais específicos para o desjejum, no tofu, nas verduras de folhas escuras como couve e espinafre, nos sucos de laranja fortificados com cálcio, no leite de soja, no salmão e nas sardinhas em lata, nas anchovas e nas laranjas.

Se você não obtém cálcio suficiente através da alimentação, precisará de suplementos alimentares com vitamina D (para absorção do cálcio). Em 2006, a Women's Health Initiative dos National Institutes of Health divulgou os resultados de um extenso estudo clínico sobre os efeitos dos suplementos de cálcio e vitamina D em mulheres na pós-menopausa. O estudo — do qual participaram 36.282 mulheres com idades entre 50 e 79 anos — descobriu que essa suplementação fornecia um "benefício modesto" na preservação de massa óssea e na prevenção de fraturas dos quadris, em especial em mulheres acima dos 60 anos. O único efeito colateral era um aumento de 17% no risco de pedras renais.

Os tipos mais comuns de suplementos são citrato de cálcio e carbonato de cálcio; certifique-se de que o seu contém vitamina D. Fique atento à quantidade de sal e ao fato de que alguns medicamentos prescritos podem interferir na absorção de cálcio.

Os homens devem tomar suplementos? Os especialistas em saúde masculina afirmam que a resposta para essa pergunta não é fácil. "É uma questão bastante complexa; na verdade, trata-se de um trabalho ainda em andamento", diz o doutor Harvey B. Simon, editor-chefe da *Harvard Men's Health Watch*, professor assistente de medicina na Escola de Medicina de Harvard e autor de *The No Sweat Exercise Plan: Lose Weight, Get Healthy and Live Longer*. "Temos evidências controversas de que os suplementos de cálcio ajudam as mulheres, e muito menos evidências de que eles seriam benéficos aos homens. Agora, eles são prejudiciais aos homens? Bem, na Women's Health Initiative, as mulheres que ingeriram suplementos de fato tiveram um aumento do risco de pedras renais, e, desde que os homens têm um risco mais elevado de pedras renais do que as mulheres, sobretudo aqueles que já tiveram pedras ou que possuem um histórico familiar, essa é uma preocupação em potencial. A outra preocupação é baseada em dois estudos de Harvard e alguns estudos corroborantes que sugerem que a ingestão muito elevada de cálcio pode aumentar o perigo de câncer de próstata agressivo. No entanto, existem alguns estudos que discordam disso."

O que o doutor Simon recomenda? Embora os homens necessitem desse mineral essencial, não devem exagerar. "Eu diria que a ingestão total de cálcio — isto é, nos alimentos ou suplementos — não deve exceder a quantidade de 1.200mg por dia."

Múltiplas vitaminas

Manter uma dieta bem equilibrada de alimentos naturais (isto é, de alimentos não industrializados e não refinados) é a melhor maneira de obter seus nutrientes, mas num mundo imperfeito nem sempre conseguimos ter tudo aquilo de que precisamos. Um bom multivitamínico, afirmam alguns especialistas, pode fornecer um tipo de respaldo. "Considero os multivitamínicos como uma apólice de seguro, porque não importa quão boa seja a sua dieta, não é fácil obter tudo aquilo de que você precisa todos os dias", comenta Bonnie Taub-Dix, da Associação Dietética Americana.

Porém não exagere. Algumas pesquisas demonstram que quantidades excessivas podem ser prejudiciais, em especial para os homens. Num estudo de 2007 publicado no *Journal of the National Cancer Institute*, relatou-se que os homens que ingeriam multivitamínicos mais de uma vez por dia tinham 32% a mais de probabilidade de desenvolver câncer de próstata. (Embora mais dados sejam necessários para uma afirmação mais categórica, os homens deveriam consultar seus médicos sobre essa questão.)

Pelo fato de o comércio de vitaminas não sofrer praticamente nenhum tipo de regulamentação, certifique-se de que está fazendo a compra certa e atenha-se às marcas mais conhecidas, vendidas em farmácias de boa reputação. Em um estudo de 2007, a ConsumerLab.com, uma empresa de Nova York que avalia produtos para a saúde, testou 21 marcas de multivitaminas — e descobriu que apenas dez de fato continham os ingredientes que constavam dos rótulos, e também que um dos produtos estava contaminado com chumbo. No que se refere a consumir outros suplementos, verifique primeiro com o seu médico (mulheres grávidas têm necessidades nutricionais específicas).

Fique atento aos suplementos de ervas naturais. "Mantenha distância deles", alerta o doutor Stampfer. "Muitas pessoas pensam: 'bem, se é uma erva não deve fazer mal.' Mas isso não é verdade. O tabaco é uma erva, a maconha é uma erva. Existe uma enorme quantidade de ervas repletas de substâncias nocivas, portanto não podemos simplesmente presumir que todas sejam benéficas. Em minha opinião, elas deveriam ser consideradas, sem dúvida alguma, como drogas."

Informações elementares sobre nutrição

Para se manter saudável, nosso corpo precisa de mais de cinquenta nutrientes, que são compostos químicos conhecidos como proteínas, carboidratos, gorduras, água, vitaminas e minerais. Proteínas, carboidratos, gorduras e água são *macronutrientes*, porque fornecem energia e são essenciais à sobrevivência, e, para funcionar, o organismo necessita obtê-los em grandes quantidades (medidas em gramas). Vitaminas e sais minerais são *micronutrientes*, porque a quantidade necessária ao organismo (medida em microgramas) é menor. Eis aqui suas respectivas funções:

Proteínas

Compostas de moléculas chamadas aminoácidos, que são os blocos construtores da vida, as proteínas desempenham o papel principal em todas as células do corpo. Dentre outras coisas, são essenciais: para a construção e restauração dos ossos, da pele, dos músculos e dos tecidos; para auxiliar a digestão; fortalecer o sistema imunológico; e para produzir anticorpos e hormônios. As proteínas são encontradas nos alimentos de origem animal, como carne, peixe, leite, queijo, iogurte e manteiga, e em alimentos de origem vegetal, como grãos, nozes e leguminosas. A proteína animal é considerada completa, porque fornece todos os aminoácidos essenciais; a proteína vegetal (com exceção da soja) é considerada incompleta, pois não fornece todos os aminoácidos essenciais, mas a combinação de fontes vegetais — digamos, um grão com uma leguminosa — irá fornecer a proteína completa.

Carboidratos

Derivados principalmente dos vegetais, os carboidratos são nutrientes essenciais que nos fornecem o combustível para viver. São encontrados em uma ampla variedade de alimentos — desde o açúcar refinado (conhecido apenas como carboidrato) até os nutritivos grãos integrais, verduras e legumes, frutas e leguminosas (conhecidos como carboidratos complexos).

Infelizmente os carboidratos têm sido considerados maléficos nesta última década, porque acredita-se que eles elevam os níveis de açúcar no sangue, o que pode contribuir para o aumento do risco de diabetes e obesidade. No entanto, isso não é verdade para todos os carboidratos. Eis aqui o porquê: os carboidratos são quebrados pelo organismo para se transformar em açúcar, que é convertido em glicose. Porém, nem todos os carboidratos são convertidos em glicose na mesma velocidade. Alguns são digeridos com mais lentidão, ou mais rapidamente, do que outros. A mensuração de quão rápido ou quão devagar o alimento é convertido em açúcar na corrente sanguínea é chamada de índice glicêmico.

Os alimentos com elevado índice glicêmico, como os grãos refinados (contidos nos biscoitos e bolos industrializados), são convertidos em glicose com rapidez, causando um aumento acentuado do açúcar no sangue; um dos motivos para isso é que os alimentos altamente processados não contêm fibras. Os alimentos com baixo índice glicêmico, como os grãos integrais ricos em fibra, as frutas, verduras e leguminosas, são digeridos mais lentamente. Eles regulam o açúcar no sangue, oferecem uma sensação de saciedade e fornecem energia por um período mais prolongado.

"Os carboidratos refinados podem elevar o nível de açúcar no sangue, o que poderá levar a pessoa a passar por aqueles períodos de altos e baixos, primeiro se sentindo bem para, logo depois, ter a sensação de que vai desabar", diz Bonnie Taub-Dix, porta-voz da Associação Dietética Americana. "Os carboidratos complexos elevam os níveis de serotonina, fazendo assim com que o indivíduo se sinta bem, sem o efeito montanha-russa, principalmente se forem consumidos junto com alguma proteína."

Gorduras

Apesar da má reputação, as gorduras são peças fundamentais da dieta saudável. Elas fornecem energia, deixam os alimentos saborosos e nos dão sensação de saciedade, pois são digeridas num ritmo mais lento do que as proteínas e os carboidratos. Entre outros benefícios, as gorduras são essenciais para a absorção das vitaminas e para manter olhos, pele, ossos e sangue saudáveis; também isolam o corpo e mantêm a temperatura estável.

Mas nem todas as gorduras são iguais. As insaturadas — ou gorduras "boas" — baixam os níveis de colesterol e reduzem o risco de doenças cardíacas e derrame; e as saturadas — ou gorduras "ruins" — elevam os níveis de colesterol, que bloqueiam as artérias. As gorduras insaturadas são encontradas em vegetais e peixes, e são líquidas em temperatura ambiente. Temos também as monoinsaturadas (como o azeite de oliva e o óleo de canola) ou poli-insaturadas (como os óleos de milho e açafroa). As gorduras saturadas (encontradas em alimentos como manteiga, queijos e carne vermelha) são em sua maioria de origem animal e se mantêm sólidas em temperatura ambiente. Uma terceira categoria, a dos ácidos graxos trans encontrados em óleos hidrogenados (como as margarinas e gorduras vegetais), é usada em alimentos processados. Os especialistas em nutrição garantem que as gorduras monoinsaturadas são as melhores; devemos usar as gorduras saturadas com parcimônia e evitar sempre os ácidos graxos trans.

Água

A água é verdadeiramente a substância da vida — sem ela sobreviveríamos apenas por uns poucos dias. Todas as células do corpo precisam de água para funcionar. Ela é essencial para quase todos os processos — desde a eliminação de resíduos até o transporte de nutrientes. Mas de quanta água necessitamos? Segundo os especialistas, em média, um adulto deve ingerir cerca de oito copos por dia (mais se o tempo estiver quente ou se você estiver se exercitando). No entanto, não leve isso ao pé da letra: você não tem de beber os oito copos. Obtemos água de muitas fontes: através da ingestão de verduras, frutas e muitas outras bebidas (embora as bebidas com cafeína possam desidratá-lo). O mais importante é se manter hidratado. O sinal indicador: "Se a sua urina estiver num tom de amarelo-claro, está tudo bem com você", afirma Elizabeth Somer. "Mas, se estiver amarelo-escura, você está desidratado."

Bonnie Taub-Dix nos alerta quanto ao consumo de bebidas açucaradas como os refrigerantes, e também quanto aos cafés com creme ou chantili, pois as calorias líquidas irão se transformar em quilos a mais. Se você não gosta de água pura, ela sugere que se acrescentem algumas gotas de limão ou um pouco de suco de frutas.

Vitaminas

Existem 13 substâncias químicas que são vitais à saúde humana, categorizadas pela maneira como são absorvidas pelo organismo. As vitaminas solúveis em água, que viajam facilmente através da corrente sanguínea, incluem a vitamina C e as vitaminas B — biotina, ácido fólico, niacina, ácido pantotênico, riboflavina, tiamina, piridoxina (vitamina B6) e cobalamina (vitamina B12). Elas têm muitas funções, mas um dos seus papéis principais é converter alimento em energia. As vitaminas lipossolúveis — A, D, E e K — precisam ser combinadas com uma proteína para entrar na corrente sanguínea; aí então são estocadas em células de gordura e no fígado. Têm também muitas outras funções, dentre as quais promover o crescimento dos ossos e proteger a visão.

Minerais

Os minerais são substâncias inorgânicas encontradas no solo, que o organismo absorve através das plantas e animais que comemos e dos líquidos que bebemos. Como as vitaminas, eles auxiliam em muitas funções vitais, como na construção dos ossos e na manutenção do equilíbrio adequado dos fluidos. Para uma boa saúde, precisamos de quantidades adequadas de 16 minerais: cálcio, magnésio e fósforo (conhecidos como macrominerais, pois são necessários em grandes quantidades); cromo, cobre, flúor, iodo, ferro, manganês, molibdênio, selênio, zinco e súlfur (microminerais ou minerais de traço); e cloro, potássio e sódio (os eletrólitos).

Separando fato de ficção

A cada dia, ao que parece, mais um guru da nutrição surge para divulgar a mais nova grande dieta. Ou é divulgado mais um estudo sobre algo que deveríamos ou não deveríamos comer. Como entender tudo isso?
"Basicamente, se lhe parece bom demais para ser verdade, então é mesmo", diz Elizabeth Somer: "Quando se trata de nutrição e perda de peso, os hábitos alimentares que funcionam melhor são aqueles baseados no bom senso. Coma frutas coloridas, verduras e legumes. Essa é a atitude mais importante que você pode tomar para manter seu peso e sua saúde. Não existe uma solução rápida."

No que se refere aos estudos, e em quais podemos acreditar, a resposta é mais difícil. A nutrição não é uma ciência do tipo preto e branco, comenta o doutor Meir J. Stampfer. "As pessoas querem respostas diretas, sim ou não, mas na verdade a maioria das coisas não é tão simples", ele afirma. "Creio que elas devem ter em mente o seguinte: as evidências do estudo em questão são suficientemente fortes? Tais evidências foram testadas em organismos ou em tubos de ensaio? Em animais ou seres humanos? Em longo prazo ou curto prazo?"

Elizabeth Somer acrescenta: "Você sempre encontrará numerosos estudos que sustentam quaisquer afirmações que se queira fazer. Contudo deve procurar onde de fato está o peso da evidência. Existem cinco ou seis estudos, ou trezentos estudos? Um estudo é apenas um fio em toda uma trama. O que a trama completa afirma?"

Por isso é sempre bom manter um ceticismo saudável, ela diz, não importa onde tenhamos visto a novidade. "Não acredite nem mesmo se soube pela televisão, pois os noticiários costumam relatar um único estudo, e nunca o colocam em perspectiva. A mídia divulga mais a controvérsia do que relata os pontos com os quais os pesquisadores concordam."

Orgânico *versus* convencional?

Você se preocupa com os agrotóxicos? Os alimentos cultivados organicamente, agora disponíveis em grande quantidade nos supermercados, são produzidos através de métodos de cultivo naturais que não utilizam produtos químicos ou aditivos e repõem os nutrientes no solo. Mas os orgânicos podem ser caros — em geral custam o dobro do preço dos alimentos convencionais. E embora a produção orgânica seja melhor para a proteção do meio ambiente, é mais nutritiva do que a convencional?

"Se você pode comprar os orgânicos, tudo bem, entretanto a evidência de que existe uma importante vantagem em relação à saúde não está apenas aí", afirma o doutor Walter C. Willett, chefe do departamento de nutrição da Escola de Saúde Pública de Harvard. "Muitas vezes os produtos orgânicos são mais frescos e saborosos, porém este não é o fator mais crítico do ponto de vista da saúde. O mais importante é você se certificar de que está consumindo frutas, verduras e legumes."

Ainda assim, se você se preocupa com o fator químico — mas não gosta dos preços elevados —, talvez prefira adquirir orgânicos apenas aqueles produtos que tendem a receber mais agrotóxicos.

"Pessoalmente, ao pensar no bem-estar de minha família, tento identificar os produtos que costumam ter mais resíduos de agrotóxicos pesados", explica o doutor Meir J. Stampfer, da Escola de Saúde Pública de Harvard. "Por exemplo, os morangos possuem quantidades elevadas de resíduos de agrotóxicos, portanto tento comprar os orgânicos."

Em 2006, o Environmental Working Group (www.ewg.org), uma organização fiscalizadora ambiental sem fins lucrativos sediada em Washington, D.C., relacionou os "12 sujos", uma lista de frutas, verduras e legumes que contêm os níveis mais elevados de agrotóxicos. São eles: pêssego, maçã, pimentão, salsão, nectarina, morango, cereja, pêra, uvas importadas, espinafre, alface e batata. Os que contêm os mais baixos níveis de agrotóxicos são: cebola, abacate, milho-doce congelado, abacaxi, manga, aspargo, ervilha congelada, kiwi, banana, repolho, brócolis e mamão.

Mesmo assim, não permita que o temor pela questão dos agrotóxicos o impeça de consumir frutas, verduras e legumes frescos. "Os benefícios das frutas e verduras superam de longe quaisquer riscos potenciais que os agrotóxicos possam apresentar", garante Elizabeth Somer.

Uma dica: lave em água abundante todos os produtos frescos antes de consumi-los (e não use sabão ou detergente, pois eles podem deixar uma película).

Seja um detetive nutricional

Antes de comprar qualquer produto, os especialistas aconselham que se leiam as letrinhas miúdas das "informações nutricionais" e da lista de ingredientes nos rótulos. Tenha cuidado com as afirmações publicitárias feitas nas embalagens; termos como "natural" ou "sem gordura" podem ser enganadores (produtos sem gordura podem estar repletos de açúcar e calorias, por exemplo).

"As empresas de alimentos estão aí para vender seus produtos; a maioria delas nem sempre se importa com a sua saúde", comenta Elizabeth Somer.

"Atualmente as calorias dominam qualquer conversa sobre nutrição", diz Marion Nestle, autora de *What to Eat*. "Sempre procuro primeiro as calorias, depois o tamanho das porções, pois os rótulos são bastante enganadores. O rótulo de um refrigerante de 500ml informa que tem 100 calorias, mas isso é apenas para cada 20ml. Se você beber a garrafa inteira terá de caminhar 5km para queimar todas essas calorias. Quanto aos alimentos industrializados, recomendo aqueles que tenham menos de cinco ingredientes e que não contenham nenhuma palavra que você não consiga pronunciar."

Quando estiver lendo a relação de ingredientes no rótulo, lembre-se de que os itens estão relacionados a partir das quantidades maiores até as menores. E esteja sempre muito atento a estes termos:

Açúcares adicionais

Se o primeiro ingrediente é açúcar e o segundo é glucose de milho com alto teor de frutose, é um mau sinal. "Você não há de querer açúcar nos três primeiros ingredientes, nem ter açúcar relacionado sob numerosos e diferentes nomes por toda a lista", diz Somer. Os açúcares adicionais podem ser mascarados sob outras denominações: glucose de milho, açúcar mascavo, melado, mel, sucos de maçã ou uva concentrados, dextrose, frutose, maltose (o sufixo *ose* é sempre uma boa indicação).

Gorduras trans

Se você encontrar palavras como óleos "hidrogenados" ou "parcialmente hidrogenados" no rótulo, o produto contém gorduras trans que entopem as artérias. Coloque-o novamente na prateleira do supermercado.

Dez regras para preservar os nutrientes

Frutas, verduras e legumes frescos são superastros, repletos de vitaminas, minerais e fibras. Mas depois da colheita podem se passar dias até que eles cheguem aos locais onde serão comercializados. Quanto mais tempo permanecem em trânsito, em estoque e expostos aos elementos, mais os seus nutrientes ficam comprometidos. Para maximizar o fator saúde, quando comprar um desses produtos siga estas regras:

1. Escolha aqueles com cores vivas e intensas: morangos, laranjas, melões, pimentões vermelhos, tomates, batatas-doces, verduras de folhas escuras, brócolis e assim por diante. Quanto mais colorido o vegetal, maior a quantidade de antioxidantes.
2. Consuma os produtos frescos até alguns dias depois da compra — quanto menos tempo eles ficarem guardados, melhor.
3. Não compre em grandes quantidades — somente o que você irá consumir em poucos dias.
4. Guarde a maior parte dos vegetais em sacos plásticos e na geladeira, numa temperatura de cerca de 0°C (exceções: cogumelos: guarde na geladeira, mas em sacos de papel, em vez de sacos plásticos; tomates: podem perder o sabor com a refrigeração; bananas: ficam pretas quando refrigeradas; e batatas e cebolas: guarde-as num local fresco e escuro).
5. Guarde frutas, verduras e legumes em embalagens separadas — muitas frutas (como as maçãs, por exemplo) emitem gás etileno, que acelera a decomposição dos vegetais.
6. Remova quaisquer itens que estejam mofados (o mofo pode se espalhar pelas outras frutas, verduras e legumes).
7. Por segurança, lave todos os legumes, frutas e verduras (até mesmo os pré-cortados e lavados) antes de consumi-los. Porém não os lave, nem corte ou pique, até o momento em que irá consumi-los.
8. Quando possível, tente comer as peles e cascas, que em geral são ricas em nutrientes.
9. Quando for prepará-los, use métodos leves e rápidos, como grelhar ou cozinhar no vapor, ou com pouca quantidade de água; as temperaturas elevadas (na fervura ou fritura) irão reduzir os níveis de vitamina C.
10. Quando não for possível comprar os produtos frescos, compre os congelados, que costumam ser embalados em gelo logo depois de

colhidos; o frio inibe as enzimas que destroem os nutrientes. Frutas e legumes enlatados também podem ser saudáveis (embora talvez percam alguns nutrientes durante o processamento), mas certifique-se de que não contenham aditivos como açúcar ou sódio.

Fonte: Adaptado do material divulgado pelo Departamento de Agricultura dos Estados Unidos e pela Food and Drug Administration (FDA — agência reguladora de alimentos e medicamentos na sigla em inglês).

A chance de sonhar: uma boa noite de sono

O sono é a melhor meditação.

— SUA SANTIDADE, O DALAI LAMA

O sono é tão fundamental quanto respirar e comer, porém não é algo fácil de se conseguir nos dias de hoje. Neste mundo que funciona vinte e quatro horas por dia, sete dias por semana, encontrar um tempo para o sonho pode ser um desafio quando se está tentando conciliar as responsabilidades do trabalho, da família e dos cuidados com o lar. No entanto, para desempenhar suas funções da melhor maneira possível e para manter a boa saúde geral, a maioria dos adultos necessita dormir de sete a nove horas todas as noites. O que é essencial para um ótimo sono?

- Um estado mental relaxado
- Um quarto escuro e silencioso
- O corpo livre de estimulantes pelo menos de três a seis horas antes de dormir
- Jantar razoavelmente cedo, evitando alimentos pesados ou muito condimentados, pelo menos três horas antes de dormir
- Exercícios diários, mas nada extenuante, pelo menos de três a quatro horas antes de dormir
- Um colchão e um travesseiro confortáveis e roupa de cama limpa
- Horários regulares para dormir e acordar

A terra do cochilo

Eis um fato indiscutível: quase todo mundo vive cansado. Embora tenhamos alguma dificuldade para conciliar o sono de vez em quando, para muitas pessoas o simples fato de dormir profundamente uma noite inteira é tão impalpável quanto uma nuvem. Um estudo feito em 2003 pelos National Institutes of Health estimou que cerca de 70 milhões de norte-americanos têm problemas relacionados ao sono. E as mulheres são mais propensas do que os homens a ter dificuldades, sobretudo insônia — definida como a incapacidade de adormecer ou de permanecer dormindo — e sonolência diurna (se você trabalha à noite, decerto faz parte deste grupo de risco), de acordo com a National Sleep Foundation.

Mas por quê? Ponha a culpa nas complexidades da biologia, da sociologia e no puro e simples estresse do dia a dia.

Primeiro há o fator hormonal: durante o transcurso da vida da mulher, os níveis flutuantes de estrogênio e progesterona têm um impacto fundamental no sono.

"Começa quando a garota inicia seu ciclo menstrual, depois vêm a gravidez e a amamentação, o climatério e a menopausa. Por uns bons cinquenta anos, nós, mulheres, sofremos grandes oscilações hormonais que afetam o sono", diz a doutora Joyce A. Walsleben, co-autora de *A Woman's Guide to Sleep* e professora associada de pesquisa em medicina no Centro de Distúrbios do Sono da Universidade de Nova York.

Depois vem a questão do papel que as mulheres desempenham na sociedade. "Sempre surgem dificuldades na vida", acrescenta a doutora Walsleben. "E para as mulheres esse é um fator que não pode ser ignorado, porque, não importa quanto os homens sejam bons, são as mulheres que desempenham os principais papéis nos cuidados com a família. Não somente com os filhos, mas também com os pais idosos e todos os outros familiares que acham que as mães sabem tudo. Portanto isso sempre irá influenciar a maneira como as mulheres dormem."

E quando se juntam a isso as pressões de se manter um emprego, as preocupações financeiras e as dificuldades de cuidar da casa, o resultado é ainda mais estresse. Para muitas mulheres, é quase impossível relaxar a mente a ponto de deixar de lado os embates do cotidiano quando elas se deitam para dormir, diz a doutora Walsleben. "Muitas mulheres têm por hábito remoer os acontecimentos do dia, pensar e repensar sobre seus vários assuntos, e acabam levando isso para a cama, o que, com certeza, irá atrapalhar o sono."

Os homens também têm sua parcela de problemas. "Eles são mais predispostos à apneia do sono do que as mulheres", afirma a doutora Walsleben. Com a apneia do sono, a respiração fica obstruída porque as vias respiratórias estão bloqueadas; a respiração realmente para. Os sinais mais comuns são ronco alto e sonolência diurna. Se não for diagnosticada, a apneia pode se tornar bastante grave, colocando os homens em risco de ataque cardíaco, derrame, pressão alta, diabetes, entre outros problemas.

E quem está no grupo de risco? "Os homens mais velhos, que têm mais probabilidade de sofrer de apneia", informa a doutora Walsleben. "Os homens podem desenvolver a apneia aos 30 e 40 anos, mas também, sem dúvida, quando meninos." Estar acima do peso é outro fator de risco. Neste caso, os homens tendem a ter uma barriga proeminente, que afeta a respiração.

A apneia do sono pode ser minimizada pelo uso de um aparelho semelhante a uma máscara, o CPAP (sigla em inglês para pressão positiva contínua nas vias aéreas), que ajuda a manter as vias respiratórias abertas.

Outro problema do sono que os homens apresentam mais do que as mulheres, segundo a doutora Walsleben, é o distúrbio de comportamento REM (sigla em inglês para movimento rápido dos olhos). O REM é o estágio do sono no qual mais sonhamos. Um distúrbio nessa fase frequentemente desencadeia um comportamento violento. "O indivíduo sacode os braços, luta ou grita", explica a doutora Walsleben. "Depois, relata: 'Eu estava dirigindo e caí para fora da estrada', ou 'Eu estava brigando', e golpeia a esposa enquanto dorme."

Os homens mais idosos são mais suscetíveis a esse tipo de distúrbio, que em geral se inicia quando eles atingem a faixa dos 60 anos. O tratamento é feito com medicamentos.

Por que precisamos de uma boa noite de sono

O sono é uma necessidade básica do ser humano e, no entanto, continua sendo quase um mistério para os pesquisadores. Mas o que é o sono exatamente?

"Não sabemos a resposta", diz o doutor Meir H. Kryger, autor de *A Woman's Guide to Sleep Disorders* e diretor de pesquisa e educação do Gaylord Sleep Medicine em Wallingford, Connecticut. "Em outras palavras, o sono é um estado do ser. Sabemos que é importante porque, em experiências, se os animais são privados de sono, eles morrem. Portanto existe algo em relação ao sono que é vital para se permanecer vivo."

Quanto ao porquê de precisarmos de sono adequado, a teoria mais aceita, de maneira geral, é que ele tem um efeito restaurador e curativo sobre a mente e o corpo, afetando, entre outras coisas, a memória, o aprendizado, o sistema imunológico e o sistema nervoso.

Os especialistas afirmam que, quando não dormimos adequadamente, acumulamos um tipo de dívida de sono que, com o tempo, pode resultar em graves consequências físicas e psicológicas, e isso terá um preço alto em nosso desempenho diário e na saúde geral.

"Existem evidências de que o sono desempenha um papel fundamental na consolidação da memória e na estabilização das funções cognitivas — em especial a atenção e a memória", diz o doutor David F. Dinges, chefe da Divisão de Sono e Cronobiologia do Departamento de Psiquiatria da Universidade da Pensilvânia e diretor associado do Centro para o Sono e Neurobiologia Respiratória da Escola de Medicina da Universidade da Pensilvânia. "Os efeitos cognitivos relacionam-se a um grande número de coisas — desde o aprendizado na escola até dirigir com segurança, tomar decisões no trabalho e saber como agir numa emergência. Não existe virtualmente nenhum aspecto do comportamento humano no qual a atenção e a memória não estejam relacionadas de maneira profunda."

O efeito cumulativo do sono inadequado pode ser devastador, principalmente no que se refere a autossegurança. A fadiga é a causa de mais de 100 mil acidentes por ano, resultando em 40 mil ferimentos e

1.550 mortes nos Estados Unidos, de acordo com a National Highway Traffic Safety Administration.

E há outros perigos.

"Neste momento, a literatura não é de modo algum conclusiva, porém parece bastante sugestivo que a redução do sono não apenas deixe o indivíduo cansado e cognitivamente deficiente, como também pode ter íntima relação com muitas outras anormalidades", diz o doutor Kryger. Por exemplo, a falta de sono crônica pode prejudicar o sistema imunológico. "Um estudo publicado no *Journal of the American Medical Association* demonstrou que quando pessoas privadas de sono foram imunizadas contra a gripe, a vacina não funcionou tão bem", afirma Kryger. "Outro estudo recente relatou que pessoas que dormem demais, ou muito pouco, têm uma taxa mais elevada de morte por doenças cardiovasculares."

Algumas pesquisas também sugerem uma conexão entre o sono inadequado e a obesidade, depressão, distúrbios de humor, pressão alta, derrame e doenças como diabetes.

Obtendo o que você precisa

Em primeiro lugar, não existe um número mágico no que se refere às necessidades de sono. "É como perguntar qual o tamanho ideal de sapato — isso varia de pessoa para pessoa", diz o doutor Kryger. "Para a maioria, dormir de sete a nove horas é o ideal. Mas há quem se sinta bem com seis horas; e outros que precisam de dez."

A quantidade de sono adequada para cada indivíduo depende de seus ritmos circadianos, o relógio biológico que regula o sono e o estado desperto durante um período de vinte e quatro horas. Afetado pelos ciclos naturais de escuridão e luz solar, pela temperatura do corpo e pelo hormônio melatonina, esse relógio monitora os períodos em que estamos ativos e quando estamos sonolentos. A temperatura de nosso corpo varia no decorrer do dia de acordo com o ciclo do nosso relógio biológico. Quando expostos à escuridão, ficamos sonolentos e há um aumento da melatonina, o que causa uma baixa na temperatura do corpo; quando expostos à luz, tornamo-nos mais alertas e há uma queda da melatonina, o que faz com que a temperatura corporal se eleve. Portanto, quando a temperatura do corpo está baixa, tendemos a ficar mais sonolentos, o que em geral acontece de madrugada, no final da tarde e na hora de dormir; e quando a temperatura está elevada, ficamos mais alertas, o que costuma ocorrer no meio da manhã, no início da tarde e início da noite.

É claro que o relógio biológico varia de pessoa para pessoa, o que explica o motivo de alguns indivíduos serem mais noturnos e outros mais diurnos, e há aqueles que se encontram em algum ponto no meio dos dois extremos. As pessoas noturnas têm relógios mais lentos e tendem a acordar e dormir mais tarde, enquanto as diurnas possuem relógios mais rápidos e tendem a acordar e dormir mais cedo. A fim de determinar suas necessidades de sono, você precisa identificar em qual desses grupos se encaixa.

Como saber se estamos dormindo o suficiente? "Quando você acorda de manhã sentindo-se desperto e alerta, sem precisar de um estimulante como o café para animá-lo", explica o doutor Kryger. Por outro lado, ele afirma: "Se não estiver dormindo o suficiente, você vai se sentir cansado logo ao acordar."

Eis mais uma pista: "Se você se apanhar cochilando em uma reunião à tarde, ou adormecendo durante um espetáculo de teatro, saiba que ou não está dormindo o bastante ou não vem tendo um sono de boa qualidade. E os dois andam de mãos dadas", garante a doutora Walsleben.

O sono é diretamente afetado por uma combinação de fatores físicos, mentais e ambientais.

Embora muita gente possa experimentar uma noite maldormida de vez em quando, é importante salientar que a insônia crônica é o sintoma de algum distúrbio, portanto é fundamental que se procure um médico. Dificuldades para dormir podem estar associadas a distúrbios de saúde como desequilíbrio da tireoide, diabetes, alergias, irregularidades cardíacas, depressão, problemas de ansiedade, ou ainda distúrbios do sono como apneia, narcolepsia e síndrome das pernas inquietas. Além disso, alguns medicamentos — tais como antidepressivos, antiepilépticos, remédios para pressão alta, comprimidos para dietas e até mesmo os mais comuns, como anti-histamínicos, descongestionantes nasais e diuréticos — podem perturbar o sono. Assim, se você já tem dificuldade para dormir, certifique-se de saber quais são os efeitos colaterais dos medicamentos antes de ingeri-los.

O essencial: o que dizem os especialistas

Se você é uma pessoa saudável, poderá melhorar suas chances de ter uma boa noite de sono incorporando estes preceitos básicos:

Um estado mental relaxado

Para dormir bem, você deve aprender a se desligar das preocupações do dia. "Permita-se ficar sonolento", ensina o doutor Dinges. "Deixe que os processos no cérebro responsáveis por desligá-lo do mundo exterior façam seu trabalho e relaxe."

Para ajudar a se deixar levar é importante ter um ritual diário para que você se tranquilize. "Depois de ter corrido e se agitado o dia inteiro, você não pode esperar que tudo se desligue no mesmo instante na hora de ir para a cama", diz Michael Krugman, autor de *The Insomnia Solution* e fundador do Sounder Sleep System [sistema de sono mais profundo], um método de autocura para se promover o sono. "É importante ter algum tipo de técnica para se usar durante as horas despertas, a fim de tornar sua vida mais pacífica. Quando sua vida está mais pacífica, seu sono é mais pacífico."

Antes de ir dormir, opte por práticas que diminuam seu nível de estresse — seja meditação, oração, relaxamento progressivo, uma leitura leve, tomar um banho quente, massagem, ouvir música relaxante, ou sexo. Evite atividades que possam perturbá-lo ou estimulá-lo (com exceção do sexo, que é algo bom).

"Não discuta à noite, não confira seu talão de cheques e não fique na internet", sugere o doutor Kryger. Seu quarto de dormir deveria ser um santuário, um local reservado apenas para o sono e o sexo — deixe a tevê em outro cômodo (ela pode ser estimulante, e isso é tudo o que você deve evitar). Se estiver com muita coisa na cabeça, escreva tudo em um diário ou faça uma lista antes de ir dormir — quando se dorme bem, tudo parece muito melhor na manhã seguinte.

Um quarto de dormir escuro, fresco e silencioso

O ambiente onde você dorme tem de ser propício ao repouso. Luz excessiva, extremos na temperatura ou ruídos desnecessários podem ser perturbadores.

Em primeiro lugar, deixe o quarto o mais escuro possível. A escuridão e a luz exercem um profundo efeito sobre nós, dizendo-nos quando dormir e quando acordar. Todos os seres humanos possuem seu próprio ritmo circadiano, relógio interno que regula o sono e o estado desperto. Esse relógio (o núcleo supraquiasmático), localizado na área do hipotálamo do cérebro, opera em um ciclo de mais ou menos vinte e quatro horas. Os especialistas dizem que olhar para luzes acesas antes ou durante o sono pode atrapalhar o ciclo. "A luminosidade pode mudar o ritmo circadiano do nosso sono", afirma Amy R. Wolfson, Ph.D., autora de *The Woman's Book of Sleep: A Complete Resource Guide* e professora de psicologia no College of the Holy Cross em Worcester, Massachusetts. "Se uma luz é deixada acesa, ou a televisão ligada, a luminosidade penetra em seu curso visual e o faz pensar que está pronto para acordar antes de ser a hora de despertar. Mesmo se você usar uma pequena luz noturna ou um despertador digital, posicione-os de maneira que não fiquem visíveis da sua cama."

Por outro lado, a luz tem efeitos de alerta, e acerta nosso relógio biológico a cada manhã; portanto, certifique-se de ficar exposto à luz durante o dia, sobretudo nos meses mais escuros do inverno. "O ciclo dormir-despertar é um ritmo biológico fundamental que é regulado pela luz solar", diz Michael Krugman. "E se não temos luz solar para nos dizer quando o dia começa, o corpo perde o sincronismo e o sono fica confuso."

Um quarto fresco é preferível para se dormir. Tenha em mente que a temperatura do seu organismo cai quando você dorme. Embora não haja uma temperatura ideal para o sono, alguns pesquisadores dizem que o melhor é ficar entre 18 e 20°C. É claro que a escolha é sempre pessoal, porém tente evitar os extremos. "É uma questão de bom senso", diz a doutora Walsleben. "Se a temperatura do cômodo estiver em 32°C, irá interferir em seu sono."

Seu quarto também deve ser silencioso. Qualquer tipo de barulho — um parceiro roncando, ruídos na rua, vizinhos desordeiros, um ventilador de teto rangendo ou o zunido de um aparelho de ar-condicionado — pode afetar a qualidade de seu sono. Para neutralizar esses incômodos, experimente usar protetores de ouvido ou um aparelho abafador de ruídos.

O corpo livre de estimulantes pelo menos de três a seis horas antes de dormir

Se você tem propensão à insônia, estimulantes como cafeína, nicotina e álcool poderão causar estragos em seu sono. "A cafeína é um estimulante potente", afirma o doutor Dinges. "São necessárias de três a sete horas para seu organismo metabolizá-la. Existem estudos que demonstram que até mesmo a cafeína que você ingere em seu desjejum pode afetar seu sono." Os efeitos da cafeína podem perdurar por até dez ou doze horas em alguns indivíduos, segundo a National Sleep Foundation.

"A cafeína pode permanecer em seu organismo por um tempo impressionante", comenta a doutora Walsleben. "Mulheres que têm problemas para dormir não devem ingerir cafeína depois do meio-dia. Eu nem mesmo tomo bebidas descafeinadas. A cafeína também pode interagir com o estrogênio, se a mulher estiver tomando suplementos ou pílulas anticoncepcionais."

Uma palavra de alerta para as grávidas: a cafeína pode permanecer no organismo por mais tempo ainda nas gestantes, pois é metabolizada num ritmo mais lento. O doutor Kryger recomenda que, se você estiver grávida, limite-se a apenas uma xícara de café por dia. (Para mais informações sobre a cafeína, veja "Tem cafeína escondida em seu iogurte?", na página 57.)

Se você é fumante e tem dificuldade para dormir, pode ser a nicotina que o mantém acordado. A nicotina, além de todos os riscos óbvios para a saúde, é um estimulante do cérebro ainda mais poderoso que a cafeína, aumentando os batimentos cardíacos e os hormômios do estresse. Ela também irrita as passagens nasais e pode exacerbar o ronco. (Uma observação interessante: os fumantes têm maior probabilidade de ter pesadelos do que os não fumantes, segundo a National Sleep Foundation.)

No item bebidas alcoólicas, não há nada de errado em se tomar uma taça de vinho durante o jantar, contudo não exagere. As bebidas alcoólicas jamais devem ser usadas para auxiliar o sono. "O álcool é um depressivo e, conforme o organismo o metaboliza, você passa a ter uma probabilidade maior de acordar", explica a doutora Wolfson. Eis o porquê: conforme o nível de álcool no sangue diminui, põe em ação o sistema nervoso simpático, que aumenta o ritmo cardíaco e sinaliza ao corpo que está na hora de despertar. "As pessoas que sofrem de alcoolismo tendem a ter muita dificuldade em manter o sono durante a noite", afirma. "Porém, até mesmo quando você bebe socialmente, se ingerir mais do que uma pequena quantidade, isso irá interferir em seu sono."

O álcool é ainda desidratante e pode agravar o ronco; portanto, ao consumi-lo, haverá maior probabilidade de você acordar. Além disso, o sono não será satisfatório. Substâncias como o álcool e muitas outras drogas suprimem o sono REM, que, conforme explicado anteriormente, é o estágio do sono em que mais sonhamos. (Veja "Zzz: o básico", na página 56.) Muitos pesquisadores do sono acreditam que os sonhos são um componente essencial da saúde emocional e mental. "Algumas pesquisas sugerem que a consolidação do aprendizado e da memória acontece durante o sono REM", diz a doutora Wolfson.

"Talvez você afirme: 'Eu tomo bebidas alcoólicas ou café durante o jantar e parece que não tenho problemas para dormir'", a doutora Wolfson comenta. "O que costumo responder, nesses casos, é o seguinte: Bem, você tem sorte, mas, se o analisarmos em um laboratório do sono, o seu na certa será diferente do de uma pessoa que não utilizou essas substâncias. O que acontece é que o seu sono será muito ineficaz e de má qualidade."

Jantar razoavelmente cedo, evitando alimentos pesados ou muito condimentados, pelo menos três horas antes de dormir

À noite, enquanto o corpo começa a se preparar para o sono, nossos sistemas biológicos, incluindo o digestivo, ficam mais lentos. Comer demais antes de dormir, sobretudo gorduras e proteínas de difícil digestão, causa um esforço excessivo ao sistema digestivo. O resultado? Indigestão, gases ou azia. "O esforço e a dificuldade do organismo ao tentar metabolizar o alimento farão a pessoa acordar, e talvez ter problemas para voltar a dormir", explica a doutora Wolfson.

Lembre-se de que o alimento nos dá energia, elevando nosso metabolismo e a temperatura corporal — e nada disso será benéfico para seu sono. É claro que isso não significa que você deva ir para a cama com fome. "O velho ditado 'Não vá dormir empanturrado nem faminto' talvez seja um bom conselho", ela diz. Um lanche leve — uma banana ou biscoitos de grãos integrais — é bom, segundo os especialistas. Mas tome cuidado com o que você ingere, pois alguns alimentos podem induzir ou inibir o sono. Os carboidratos complexos, por exemplo, são indutores do sono, porque produzem um efeito calmante através do aumento da serotonina, um neurotransmissor que diminui o ritmo cerebral; por outro lado, as proteínas inibem o sono, porque produzem efeitos de alerta, bloqueando a serotonina. Outros inibidores do sono: alimentos açucarados e carboidratos refinados, que elevam os níveis do açúcar no sangue e aumentam os níveis de energia. (Para mais informações sobre alimentos, veja "A substância da vida: alimentos nutritivos", na página 21.)

Exercícios diários, mas nada extenuante, pelo menos de três a quatro horas antes de dormir

Os exercícios regulares podem ser um benefício para o sono, pois não apenas aliviam o estresse como também elevam a temperatura corporal. Cerca de quatro horas depois de atividades físicas vigorosas a temperatura do corpo cai de maneira significativa, o que nos ajuda a dormir e permanecer dormindo. Entretanto, a hora do dia em que você pratica exercícios pode afetar seu sono. Como os movimentos vigorosos elevam a temperatura do corpo, podem também atrasar seu sono. "A atividade física produz excitação, e nós precisamos de um tempo para que essa excitação diminua", diz Michael Krugman. Portanto tente praticar exercícios vigorosos — digamos, treinar para uma maratona — durante o dia ou no final da tarde. Mas Krugman alerta: até mesmo alguns exercícios "benignos" podem ser enganadores. Por exemplo, algumas posições de ioga talvez o estimulem se forem praticadas muito perto do horário de dormir. "É importante saber que movimentos de inclinação da coluna para trás são altamente estimulantes; portanto, se você pratica uma vigorosa série deles à noite, isso poderá prejudicar seu sono."

Por outro lado, diz Krugman: "Movimentos de inclinação para a frente são inibidores e tendem a provocar certo relaxamento." (Para mais informações, veja "A jogada certeira: exercícios regulares", na página 59.)

Um colchão e um travesseiro confortáveis e roupa de cama limpa

Como passamos cerca de um terço da vida na cama, faz sentido deixá-la o mais confortável possível. Um colchão encaroçado ou um travesseiro achatado podem causar desconforto e dores pelo corpo. Colchões, bases de colchões e travesseiros devem ser substituídos periodicamente, não apenas porque perdem flexibilidade e apoio, mas também porque — bem como a roupa de cama (lençóis, fronhas e protetor de colchão) — podem ser um terreno fértil para os ácaros, um grande obstáculo para o sono se você sofre de alergias. Devemos trocar o colchão e a base do colchão a cada cinco ou sete anos (alguns especialistas dizem que em até dez anos no máximo), e o travesseiro com mais frequência (dependendo da qualidade do material). Além disso, a roupa de cama precisa de troca uma vez por semana (duas vezes por semana se a pessoa transpira demais).

Existe um colchão ideal? Não, segundo os especialistas. Seja macio ou firme, "o que importa é o seu conforto", explica a doutora Walsleben. Mas os colchões mais macios podem ser uma escolha melhor para determinadas pessoas, diz o doutor Kryger. "Algo que descobri com meus pacientes é que se eles têm alguma enfermidade dolorosa, como artrite, dor nos quadris ou nos joelhos, parece que se sentem mais confortáveis num colchão macio." A regra do conforto também se aplica aos travesseiros; procure aquele que apoia sua cabeça e seu pescoço, e que mantém sua coluna reta. (Para mais informações sobre como comprar lençóis, protetores de colchão e travesseiros, veja "Um teto sobre a cabeça: abrigo e segurança", na página 133.)

Horários regulares para dormir e acordar

Devemos ter um mesmo horário para acordar e para dormir todos os dias, mesmo nos fins de semana e nas férias. Mantendo um horário constante, nosso corpo recebe o sinal de que está pronto para dormir. "Dormir e acordar mais ou menos na mesma hora todos os dias é o recomendado, e quando você começa a se desviar demais disso atrapalha seu ritmo circadiano", diz a doutora Wolfson. Horários de dormir e acordar incertos e inconstantes confundem o ritmo circadiano, ou o relógio interno — em especial a temperatura do corpo —, tornando mais difícil que você consiga dormir à noite e se manter desperto de dia.

Os problemas costumam surgir quando as pessoas tentam "compensar" o sono perdido durante os finais de semana. "Embora esteja dormindo mais, ou possivelmente compensando o sono perdido durante a semana, você está mudando seus horários", garante a doutora Wolfson. O resultado pode ser uma insônia na noite de domingo e sonolência por toda a segunda-feira. Lembre-se de que quando estamos expostos à luz solar nos tornamos mais alertas e a temperatura do corpo se eleva. Quando dorme até tarde, você atrasa esses ritmos. Portanto, quando tentar dormir no domingo à noite, a temperatura do seu corpo ainda estará elevada, e você poderá ter dificuldade para adormecer.

Zzz: o básico

O sono não é um luxo; é uma necessidade para nossa saúde e bem-estar. Na verdade, fomos programados para isso. Todos os seres humanos possuem um relógio biológico interno — chamado de ritmo circadiano —, que regula o sono e o estado desperto. Esse relógio, localizado no hipotálamo, no cérebro, opera em um ciclo de aproximadamente vinte e quatro horas. Ele é afetado pela luz e escuridão exteriores, pela temperatura corporal e pelo hormônio melatonina (que nossos organismos produzem quando ficamos sonolentos).

É claro que o relógio varia de pessoa para pessoa, e é por isso que alguns indivíduos são noturnos e outros diurnos (os noturnos têm relógio mais lento, enquanto o dos diurnos é mais rápido). De acordo com o lugar onde nos encontramos nesse ciclo, tendemos a nos sentir sonolentos em determinadas horas — por exemplo, de madrugada, no final da tarde e na hora de dormir — e mais alertas de manhã, no início da tarde e início da noite.

Nas últimas décadas, os pesquisadores aprenderam mais sobre o que acontece no cérebro quando dormimos. Existem cinco estágios que se repetem em cada ciclo, que podem variar de 90 a 110 minutos:

Primeiro estágio

Este é um breve período de sonolência entre o sono e o estado desperto, quando nossos músculos, movimentos dos olhos e ondas cerebrais começam a se tranquilizar. Durante nossas horas de vigília, quando está mais ativo, nosso cérebro produz sinais elétricos de alta frequência chamados ondas beta. Ao ficarmos sonolentos, as ondas beta desaceleram, tornando-se ondas alfa. Conforme relaxamos mais e mais, as ondas alfa transformam-se em ondas ainda mais lentas, as ondas teta.

Segundo estágio

Este é um período de sono leve, considerado como o início do sono verdadeiro, quando a temperatura corporal começa a cair e os batimentos cardíacos diminuem. Nossos músculos ficam mais relaxados e começamos a perceber menos o mundo que nos rodeia. Durante esse estágio, as ondas teta combinam-se com as ondas beta, produzindo breves descargas de atividade elétrica chamadas de fusos do sono.

Terceiro e quarto estágios

Estes são os períodos de sono mais profundo, quando não há movimento ocular nem atividade muscular. O cérebro começa a produzir ondas delta muito mais lentas. Durante esses estágios, é difícil ser acordado do sono.

Quinto estágio

É o período de sono REM. Este estágio é diferente dos outros quatro: o cérebro torna-se mais ativo, os olhos movimentam-se rapidamente e há uma elevação do ritmo cardíaco e da pressão sanguínea. É nesse estágio que mais sonhamos.

Os pesquisadores dizem que, em geral, repetimos este ciclo de cinco estágios por quatro ou cinco vezes durante um sono de oito horas.

Fonte: National Institute of Neurological Disorders and Stroke.

Tem cafeína escondida em seu iogurte?

Se você se flagrar se virando de um lado para o outro na cama, sem conseguir dormir, a culpa pode ser da cafeína. Embora esse estimulante seja um componente bem conhecido do café e do chá (uma xícara de café de 200ml tem cerca de 88 a 160ml de cafeína; uma xícara de chá preto de 200ml tem cerca de 40ml de cafeína, e no chá verde, cerca de 20ml de cafeína), também é encontrado em muitos alimentos comuns, em refrigerantes e até em medicamentos do dia a dia. Eis algumas fontes de cafeína mais comuns:

Red Bull (250ml): 80mg

Milk-shake de chocolate (30g): 6mg

Coca-cola diet (330ml): 45mg

Chocolate amargo (barra de 30g): 20mg. (Observação: quanto mais amargo o chocolate, mais cafeína ele contém; uma barra de chocolate ao leite tem cerca de 6mg.)

Fonte: <http://www.usp.br/eef/rpef/v14n22000/v14n2p141.pdf>. Acesso em: ago. 2008.

Cochilar ou não cochilar?

Para as pessoas saudáveis, tirar um cochilo pode ser uma ótima maneira de recarregar as energias quando elas se sentem sonolentas. Entretanto a hora do dia e a duração do cochilo são fatores essenciais. "Os cochilos podem ser bastante restauradores, e sabemos com certeza que têm um efeito positivo na aquisição de aprendizagem e memória", afirma Michael Krugman, autor de *The Insomnia Solution*. "Contanto que não sejam muito extensos, nem feitos muito tarde." Fazer uma sesta que seja prolongada demais ou muito próxima do horário de dormir pode interferir no sono à noite, portanto é melhor cochilar durante o dia, de preferência no início da tarde. Os especialistas dizem que não se deve cochilar depois das dezesseis horas.

Uma regra geral: o cochilo deve ser curto, entre quinze e quarenta e cinco minutos, porém não mais do que isso. "Qualquer coisa que exceda esse limite o deixará ainda mais grogue do que se sentia antes, pois você começará a entrar nos estágios mais profundos do sono", diz o doutor Meir H. Kryger. Embora um cochilo possa revigorá-lo, não é o substituto de uma boa noite de sono. "Cochilar é uma maneira de suplementar seu sono", explica o doutor David Dinges. "Cochilar ajuda, mas é um pouco como viver à base de sanduíches. Da mesma forma que os lanches não substituem uma boa dieta, os cochilos não podem substituir uma noite bem dormida".

Observação: se você sofre de insônia, os cochilos não são recomendados.

A jogada certeira: exercícios regulares

Falta de atividade destrói a boa condição de todos os seres humanos, enquanto o movimento e os exercícios físicos metódicos salvam-na e preservam-na.

— PLATÃO

Não é segredo que os exercícios físicos regulares são essenciais para a boa saúde. Por décadas, mais e mais estudos têm exaltado os benefícios de uma vida ativa. Porém, para muitos de nós, a palavra *exercício* evoca imagens de esforços penosos em academias, aparelhos pesados e complicados e muita respiração ofegante. No entanto, esses tempos de tortura há muito se acabaram. A palavra de ordem hoje em dia é "ficar em forma sem sofrer". Os especialistas afirmam que os exercícios não precisam ser extenuantes e tampouco muito prolongados para fornecer benefícios à sua saúde geral. As atividades praticadas numa intensidade moderada — como caminhada rápida, por exemplo, por no mínimo trinta minutos em quase todos os dias da semana — oferecem recompensas substanciais à saúde. O principal é se manter em movimento. Em 2007 a Faculdade Americana de Medicina Esportiva e a Associação Americana do Coração revisaram suas diretrizes de atividades físicas para adultos saudáveis com menos de 65 anos e para aqueles de 65 anos em diante. Os componentes essenciais dos exercícios para a boa saúde são:

Exercícios cardiovasculares (menos de 65 anos): intensidade moderada por trinta minutos ao dia, cinco dias por semana, ou intensidade vigorosa por vinte minutos por dia, três vezes por semana; (65 anos em diante): exercícios aeróbicos moderados por trinta minutos ao dia, cinco dias por semana, ou exercícios aeróbicos vigorosos por vinte minutos ao dia, três vezes por semana.

Exercícios com pesos (menos de 65 anos): de oito a dez exercícios, oito a doze repetições cada, duas vezes por semana; (65 anos em diante): oito a dez exercícios, dez a quinze repetições cada, duas a três vezes por semana.

Exercícios de flexibilidade: regularmente (sobretudo para aqueles com 65 anos em diante).

Corpos *sem* movimento

A esta altura dos acontecimentos, com tanta atenção dada pela mídia à importância dos exercícios físicos, seria de se esperar que muito mais gente estivesse passando muito menos tempo deitada no sofá. Mas esse não é exatamente o caso — ao menos no momento. Primeiro as notícias positivas: as pesquisas mais recentes dos Centers for Disease Control and Prevention (CDC) relatam um aumento no número de norte-americanos que vêm se dedicando a atividades físicas regulares — um aumento de 8,6% entre as mulheres e de 3,5% entre os homens. Agora uma visão da realidade: embora estes números sejam promissores e demonstrem um grande progresso, o fato é que mais da metade da população ainda não pratica a quantidade recomendada de exercícios físicos regulares de que necessita.

A inatividade — combinada com uma dieta rica em calorias — aparece no aumento cada vez maior da cintura da população americana. De acordo com os Centers for Disease Control and Prevention, 66,3% dos norte-americanos estão acima do peso ou são obesos — o que coloca milhões de pessoas em risco para todos os tipos de problemas de saúde, em especial diabetes e doenças cardíacas. Os CDC relatam que entre 1976 e 1980 e entre 2003 e 2004 a obesidade entre os adultos com idades de 20 a 64 anos aumentou de 15% para 32% .

A vida sedentária não fazia parte dos planos da natureza. "A movimentação é algo inerente em nós, tanto física como geneticamente", diz a doutora Lisa Callahan, autora de *The Fitness Factor* e diretora médica do

Centro de Medicina Esportiva Feminina do Hospital para Cirurgias Especiais em Nova York. (Ela também é diretora de cuidados com a saúde dos jogadores dos times de basquete New York Knicks e New York Liberty.) "Se encararmos o ser humano pela perspectiva da evolução, veremos que não fomos projetados para ficar sentados."

No passado, a atividade física fazia parte naturalmente da vida e do trabalho. A maioria dos norte-americanos cultivava a terra nas fazendas ou se dedicava a tarefas que exigiam intenso esforço físico, tinha poucas conveniências em seus lares (nada de aparelhos autolimpantes naquela época) e não possuía automóveis. Agora muitas pessoas trabalham presas às suas escrivaninhas, em empregos sedentários nos escritórios. Permanecemos sentados durante horas diante da televisão ou do computador em nossos momentos de lazer, dirigimos nossos veículos em vez de caminhar, temos casas repletas de aparelhos que nos poupam trabalho e quase sempre consumimos a chamada comida rápida ou alimentos refinados ricos em calorias.

O problema da maioria de nós hoje em dia é o fator tempo. Trabalhamos por muitas horas, temos famílias para cuidar, ficamos cansados, e parece que não conseguimos um espaço em tudo isso onde encaixar os exercícios. Porém, os especialistas dizem que até mesmo um mínimo de trinta minutos por dia pode gerar recompensas; o truque, eles afirmam, é transformar a atividade física em um hábito diário, como tomar banho ou escovar os dentes.

Por que precisamos de exercícios regulares

São muitos os benefícios que advém dos exercícios físicos. Dentre eles, a diminuição dos riscos de doenças cardíacas, diabetes, pressão alta, osteoporose e até mesmo de alguns tipos de câncer, como os de cólon e mama. Os exercícios também melhoram o sono, controlam o peso e aliviam o inchaço causado pela artrite. E são benéficos para a mente e o espírito, melhorando o humor e aguçando a inteligência, reduzindo a depressão e a ansiedade, promovendo o relaxamento e intensificando até mesmo a sua vida sexual. Como um bônus, os exercícios lhe proporcionarão uma melhor qualidade de vida conforme você envelhecer.

Este último detalhe é muito importante, porque estamos vivendo mais. Os estudos demonstram que manter um estilo de vida ativo pode ajudar a contrabalançar o declínio físico associado à velhice. "Conhecemos os aspectos inevitáveis do processo de envelhecimento em todos os sistemas do corpo, desde músculos, ossos e juntas até coração e pulmões e tudo o mais, e uma das maneiras fundamentais de manter tudo isso em forma é por meio da prática de exercícios", afirma a doutora Marilyn Moffat, coautora de *Age-Defying Fitness* e professora de terapia corporal da Universidade de Nova York.

A doutora Moffat garante que podemos evitar ou desacelerar muitos tipos de deterioração relacionados ao envelhecimento. Em seu livro ela identificou o que chama de "cinco reinos da boa forma" — postura, força, flexibilidade, equilíbrio e resistência —, as áreas do corpo que sofrem o maior declínio conforme envelhecemos. A doutora Moffat diz que deveríamos nos concentrar em fortalecer e melhorar essas áreas durante todo o nosso tempo de vida, e que deveríamos começar enquanto ainda somos jovens. Alguma deterioração pode se iniciar até mesmo no começo da juventude. Por exemplo, nossa postura pode começar a piorar ainda em nossa adolescência, causada por "permanecer sentados por muito tempo, usando o computador, ou carregando bolsas e mochilas muito pesadas".

Portanto se estivermos em boa forma seremos mais independentes e precisaremos de menos cuidados médicos em nossa velhice. "A ideia é que, quando você chegar ao final da existência, ainda esteja razoavelmente saudável, que não tenha aqueles longos períodos de doença e fragilidade que irão tornar infelizes os seus últimos anos", explica a doutora Janet Fulton, epidemiologista e especialista em fisioterapia da divisão de nutrição e atividade física dos CDC de Atlanta.

O essencial: o que dizem os especialistas

Os especialistas dizem que um bom programa de exercícios deve incluir os seguintes componentes:

Exercícios cardiovasculares

O que são? Qualquer atividade constante — como caminhar, correr, andar de bicicleta, nadar, subir escadas e pular corda — que aumente o ritmo cardíaco e o mantenha assim durante certo período. Os cardiovasculares devem ser o foco central de qualquer plano de exercícios.

O que eles fazem? Aumentam o fluxo sanguíneo e o oxigênio; melhoram o funcionamento do cérebro, do coração, dos pulmões e da circulação; queimam calorias e gorduras; aumentam a resistência e controlam o peso.

O que você precisa fazer? As diretrizes atualizadas da Associação Americana do Coração e da Faculdade Americana de Medicina Esportiva dizem que para manter a boa saúde os adultos com menos de 65 anos necessitam de atividades cardiovasculares de intensidade moderada por pelo menos trinta minutos ao dia, cinco vezes por semana, ou atividades vigorosas por pelo menos vinte minutos ao dia, três vezes por semana; os adultos com 65 anos em diante precisam de exercícios aeróbicos moderados trinta minutos por dia, cinco vezes por semana, ou exercícios vigorosos por vinte minutos ao dia, três vezes por semana. Para perda e manutenção do peso, os adultos devem se exercitar de sessenta a noventa minutos.

Observação. Você não precisa fazer todos os trinta ou sessenta minutos de uma só vez; se preferir, intercale seu tempo de atividade em espaços de dez a quinze minutos.

A maravilha de muitos exercícios cardiovasculares é que eles não requerem equipamentos, e você pode incorporá-los facilmente em seu dia a dia. A caminhada é uma das maneiras mais seguras de se iniciar, mas existem muitas outras atividades que podem ser consideradas. "Pular corda é uma atividade intensa de condicionamento, a ser praticada com um equipamento mínimo e não exige quase espaço algum", diz a doutora Moffat.

O que é intensidade moderada? "Se o indivíduo está caminhando, significa movimentar-se com rapidez suficiente para que seus batimentos cardíacos se acelerem e a respiração fique um pouco mais ofegante", ensina a doutora Callahan, do Hospital para Cirurgias Especiais de Nova York.

"Mas", diz a doutora Fulton, dos CDC, "não é preciso que você fique tão ofegante a ponto de nem conseguir dizer seu nome". Transpirar um pouco é bom, porém não necessário. "Se o seu objetivo é manter a saúde, os exercícios moderados, que chamo de sem suor, são mais do que suficientes", garante o doutor Harvey B. Simon. O objetivo é continuar se movimentando — da maneira que você puder. Para o doutor Simon, todos os tipos de atividade física podem ser benéficos — até mesmo as tarefas domésticas como varrer o quintal, limpar a casa, cuidar do jardim, cortar a grama ou lavar o carro.

Se você tem boa saúde e deseja praticar exercícios mais intensos, experimente o treinamento em intervalos, um programa que alterna períodos curtos de exercícios cardiovasculares de alta intensidade — tais como correr, andar de bicicleta, nadar — e períodos curtos de atividades moderadas, de baixa intensidade.

Treinamento com pesos

O que é? O uso de resistência sob a forma de pesos livres, aparelhos ou tiras elásticas para fortalecer os principais músculos do tronco e abdome.

O que faz? Aumenta a resistência dos músculos e fortalece os ossos conforme envelhecemos, aumenta a força geral, reduz o risco de fraturas e o desenvolvimento de osteoporose na idade avançada, auxilia no equilíbrio e na mobilidade e pode aliviar as dores da artrite.

Benefício extra. Um estudo recente sugere que o levantamento de pesos apenas duas vezes por semana ajuda a reduzir a gordura abdominal.

O que você precisa fazer? Até 65 anos: oito a dez exercícios, oito a doze repetições de cada um, duas vezes por semana. De 65 anos em diante: oito a dez exercícios, dez a quinze repetições de cada um, duas a três vezes por semana. (Dica: não exercite os mesmos grupos de músculos em dias consecutivos.)

Observação. Alguns exercícios de solo, como os abdominais e agachamentos, também ajudam no fortalecimento dos músculos.

Algumas mulheres se esquivam do treinamento com pesos porque temem que seus músculos comecem a ficar salientes demais, mas não devem se preocupar com isso. "A mulher normal, com hormônios normais, nunca irá adquirir a definição muscular dos homens, não importa quanto se exercite, a não ser que receba injeções de testosterona", diz o doutor Walter R. Thompson, docente da Faculdade Americana de Medicina Esportiva, coautor de *ACSM Fitness Book* e professor de quinesiologia* e saúde da Universidade Estadual de Atlanta.

Para obter o máximo de benefício do treinamento com pesos e evitar luxações e distensões, é importante se exercitar de maneira apropriada (se possível, com orientação de um profissional). Algumas áreas principais em que você deve se concentrar são:

- *Forma.* Esta é a sua técnica. Os movimentos devem ser lentos e controlados quando você levanta e abaixa os pesos — cerca de dois a quatro segundos de cada. Nunca balance o peso ou fique com os pés oscilantes — se isso acontecer, provavelmente é porque o peso é demasiado para você.
- *Âmbito de movimento.* Esta é a extensão total do músculo que está sendo trabalhado. Por exemplo, se você está fazendo espirais para os bíceps, comece estendendo o braço nas laterais e levante devagar o peso na altura do ombro — não comece no meio do caminho com o ombro inclinado. "Se você praticar um âmbito de movimento incompleto, não estará obtendo o benefício máximo do exercício", diz a doutora Callahan.
- *Quantidade de peso.* A ideia é causar fadiga no músculo erguendo o máximo de peso possível. O peso deve ser desafiador, mas não tão pesado que se torne desconfortável. Conforme você for ganhando força, notará que o esforço para erguer os pesos diminui. Portanto vá aumentando aos poucos o peso para retomar a dificuldade. "Se a sua ideia de treinamento com pesos é levantar os de dois quilos pelo resto da vida, você não fará muitos progressos", explica a doutora Callahan.

* Estudo dos princípios de anatomia relacionados ao movimento humano. (N. do E.)

Exercícios de flexibilidade

O que são? Alongamento dos principais grupos de músculos.

O que fazem? Alongam e relaxam os músculos, reduzem o risco de distensões, melhoram a postura, o âmbito de movimento, a mobilidade, o equilíbrio e a coordenação, promovem o relaxamento e melhoram o desempenho geral.

O que você precisa fazer? Os exercícios de alongamento podem ser feitos diariamente ou várias vezes por semana como parte do seu programa de exercícios regulares.

Exercícios complementares. Técnicas como ioga, pilates e tai chi são excelentes para flexibilidade e equilíbrio e também ajudam a manter os músculos fortalecidos.

A flexibilidade é uma área do condicionamento físico que costuma ocupar o fim da fila, porém é extremamente importante. Músculos tensos e inflexíveis aumentam os riscos de danos como distensões e luxações. Além disso, à medida que envelhecemos os nossos músculos perdem a elasticidade, o que pode afetar nosso senso de equilíbrio e nossa coordenação, aumentando o risco de fraturas causadas por quedas. "O condicionamento aeróbico e o treinamento com pesos são tradicionalmente recomendados para a manutenção da boa forma, mas, no meu ponto de vista, a postura, o equilíbrio e a flexibilidade devem ser do mesmo modo importantes, sobretudo levando-se em conta o fato de que estamos todos vivendo cada vez mais", diz a doutora Moffat.

Os homens, especialmente, têm de flexibilizar os músculos. "Os homens são muito menos flexíveis do que as mulheres, e isso contribui para que sofram lesões e distensões", explica o doutor Simon, do *Harvard Men's Health Watch*. "Eles realmente precisam praticar exercícios de flexibilidade, em especial à medida que envelhecem. Mas olhe em volta. Quem pratica ioga? São as mulheres."

Para obter o máximo de benefício do alongamento:

- Faça um aquecimento antes de iniciar o alongamento, para que o sangue flua para seus músculos.

- Nada de movimentos bruscos quando estiver mantendo um alongamento (você pode distender o músculo) — os movimentos devem ser controlados e lentos.
- Mantenha a posição do alongamento por cerca de trinta a sessenta segundos.
- Alongue-se antes e depois dos exercícios regulares.

Outras considerações

Treinamento de equilíbrio. A doutora Moffat explica que podemos melhorar o nosso equilíbrio praticando exercícios específicos, tais como parada em uma perna (equilibrar-se em uma perna e manter a posição por trinta segundos), movimentos de cabeça (girar a cabeça de um lado para o outro, queixo para cima e para baixo) e caminhar em fileira (colocando um pé na frente do outro).

Importância do aquecimento

O aquecimento em geral é uma atividade aeróbica/cardiovascular praticada num curto período para preparar o aumento de batimentos cardíacos e o fluxo do sangue. Os músculos precisam ser aquecidos antes de se iniciar qualquer exercício. "Se você vai depressa demais da imobilidade para o exercício intenso, é bem provável que se machuque. Além disso, é desconfortável. E, se não bastasse, isso provoca um grande estresse no coração", ensina a doutora Callahan. "O aquecimento significa apenas que você iniciará a atividade física gradualmente." Mas o alongamento não é uma forma de aquecimento, ela completa. Devemos aquecer os músculos "frios" mesmo antes de nos alongar. "Os músculos costumam responder melhor ao alongamento depois de estarem aquecidos", ela diz.

O aquecimento pode ser feito de várias maneiras, de polichinelos até uma corrida — porém em um nível mais lento. "Digamos que você queira correr 1km em sete minutos", exemplifica a doutora Callahan. "Não é uma boa ideia sair pela porta e acelerar em disparada, ainda mais se estiver frio. Comece caminhando ou correndo devagar para que os músculos se aqueçam um pouco, e depois entre no ritmo rápido."

Começando com o pé direito

Agora que você já sabe do que necessita, está ansioso por sair e correr em volta do quarteirão, certo? Bem, não faça isso — pelo menos por enquanto. Para colher os benefícios dos exercícios físicos e mantê-los — veja bem, isto é muito importante —, você *precisa* encontrar um plano de exercícios que funcione para seu caso individualmente. Se não fizer isso, é muito provável que acabe ficando desencorajado e, em consequência, desista. (Os exercícios físicos, como as dietas, têm uma taxa elevada de desistência.)

"Não creio que seja adequado a ninguém utilizar uma única série de diretrizes que podem ser aplicadas a todas as pessoas", comenta o doutor Simon. "Não se trata de algo do tipo tamanho único. Os indivíduos de diferentes grupos de idade e grupos de saúde têm necessidades diferentes para práticas como alongamento, fortalecimento e equilíbrio."

Para criar um bom programa, leve em conta os seguintes fatores:

Seus objetivos

O que você deseja conquistar? Está se exercitando para melhorar a saúde ou perder peso? Por exemplo, se a perda de peso é a sua meta, terá de exercitar-se por mais do que trinta minutos por dia, cinco vezes por semana, para queimar calorias.

Sua condição física e idade

Seu nível de condicionamento físico e sua idade irão determinar de que tipo de exercícios você precisa. Permaneceu sedentário por muito tempo? Está acima do peso? Tem mais de 50 anos? É fumante? Tem algum problema de saúde? Se este for o caso, é aconselhável fazer um exame médico geral e uma avaliação física antes de iniciar qualquer programa de exercícios. Para avaliar os seus riscos de saúde, duas medidas são úteis: o índice de massa corporal, que calcula a porcentagem de gordura dividindo-se o peso pela altura, e a relação (coeficiente) cintura-quadril, que é a medida da cintura dividida pela medida do quadril (pessoas com constituição física do tipo maçã concentram excesso de peso em torno do abdome e correm um risco maior de doenças cardíacas e diabetes do que as do tipo pera, que concentram o peso em torno dos quadris, das nádegas e coxas).

Exercícios de sua preferência

O que você gosta de fazer? Prefere exercitar-se sozinho ou com outras pessoas? Descobrir atividades agradáveis — seja esquiar na neve seja aprender uma dança folclórica da Bavária — é a chave do sucesso de um programa de exercícios. "Eu nunca digo que a melhor maneira de se exercitar é correr, ou caminhar, ou qualquer outra coisa", diz o doutor Thompson. "O melhor exercício é aquele que o motiva a praticá-lo todos os dias."

Seu estilo de vida

De quanto tempo você dispõe? De que maneira pode encaixar melhor a prática de exercícios em seu dia? Pode praticar durante o horário do almoço? O que lhe é mais conveniente: exercitar-se em casa, em um parque próximo, ou prefere associar-se a uma academia? Existem academias às quais você poderia ir a pé de sua casa ou do trabalho, ou teria de dirigir até lá? (A conveniência é uma consideração fundamental, sobretudo no inverno, quando a vontade de "hibernar" fica mais forte.)

Aprendendo a manter a rotina

Aqueles dentre nós que frequentam academias ou clubes costumam presenciar isto todos os anos: no início de janeiro há uma enorme leva de novos sócios que, impulsionados pelas resoluções de Ano-Novo, estão determinados a entrar em forma ou perder alguns quilos. Mas o resultado é sempre o mesmo. Em um prazo de alguns meses as multidões começam a recuar e, já em março, tudo parece estar como antes, com os mesmos sócios regulares de sempre.

"As estatísticas sobre a aderência aos programas de exercícios são impressionantes", afirma o doutor Thompson. "Diversos estudos demonstraram que num prazo de três a seis meses metade das pessoas que iniciaram os programas desistiram."

Por quê? Os motivos mais comuns são distensões ou lesões por excesso de exercícios logo no início, desencorajamento ou tédio, objetivos pouco definidos ou simplesmente falta de conhecimento. "O que acontece com frequência é que as pessoas ou exageram ou fazem de menos", explica o doutor Simon, de Harvard. "Elas sofrem lesões ou acham tudo muito difícil e acabam desistindo; ou então se esforçam muito pouco e acham que basta. É por isso que tenho tentado estabelecer que um padrão único não serve para todos."

O plano de exercícios não deve ser rígido, mas sim simples e elaborado de acordo com as suas necessidades. "Um dos motivos que fazem as pessoas dizerem que não gostam de se exercitar, ou que se sentem intimidadas pela prática, é que temos uma tendência para deixar os exercícios mais complicados do que deveriam ser", diz a doutora Callahan. "Se você aprende o básico, pode misturá-lo de muitas maneiras diferentes."

Eis algumas dicas para que você encare os exercícios de maneira mais amigável:

Comece devagar

Se você tem uma vida sedentária, exercitar-se muito logo no início é um meio certeiro para que se sinta desencorajado, ou pior: você pode acabar com uma lesão. No começo, faça coisas simples. Uma ótima maneira de se iniciar é caminhando. "Caminhar é uma boa maneira de se iniciar, porque é fácil, você já sabe como fazer e não precisa de equipamentos, exceto calçados e roupas confortáveis", diz a doutora Callahan. Caminhar é também um dos exercícios mais seguros para se praticar. Como disse certa vez Thomas

Jefferson: “O revigorante soberano do corpo é o exercício, e dentre todos os exercícios caminhar é o melhor.”

Estabeleça objetivos atingíveis

Um dos motivos por que nos desencorajamos com os exercícios é que não estabelecemos objetivos realistas para nós mesmos. “A grande falha das pessoas é não desenvolver objetivos de curto e de longo prazos”, diz o doutor Thompson. Por exemplo, se você está se exercitando para perder peso, comece com objetivos modestos. “Muita gente diz ‘vou emagrecer dez quilos até o Natal’, e isso se torna sua meta. No entanto é um objetivo de longo prazo. Um de curto prazo seria ‘vou emagrecer meio quilo ou um quilo nesta semana e mais um quilo na semana que vem’. Se você estabelecer metas de curto prazo que sejam alcançáveis, terá perdido os dez quilos quando chegar o Natal.”

Tenha um companheiro de exercícios

Para muitas pessoas, praticar exercícios com uma companhia pode ser um grande motivador — seja um amigo, sejam os integrantes de um grupo de aulas. “Não é preciso que você se associe a uma academia, mas o apoio social é um dos grandes indicadores de se estar fisicamente ativo e permanecer assim”, explica o doutor Fulton, dos CDC. “Existe toda uma área de estudos sobre como tornar os indivíduos mais ativos, e algo que sempre se destaca é o fato de haver uma companhia para a prática de exercícios. O apoio social sempre ajuda.”

Pratique atividades que lhe dão prazer

Esta é sem dúvida a chave do sucesso — o tédio é o golpe mortal em qualquer programa de exercícios. A doutora Callahan comenta que sempre que seus pacientes afirmam não gostar de praticar exercícios, ela lhes diz: “Você ainda não encontrou o que realmente gosta de fazer.” Se você aprecia ficar ao ar livre, experimente andar de bicicleta ou caminhar, por exemplo.

Por outro lado, se ioga é tudo de que você gosta, tudo bem. "Acredito de verdade em montar planos que façam sentido para os meus pacientes. Se uma mulher adora praticar ioga, eu lhe dou todo o apoio, mas peço que experimente fazer caminhadas de quinze minutos por dia, a fim de acrescentar um benefício cardiovascular", a doutora complementa.

Pense em contratar um personal trainer

O *personal trainer*, ou instrutor particular, não é uma necessidade, contudo talvez você queira considerar a possibilidade de contratar um, nem que seja apenas por uma vez. Eis aqui o porquê: um bom instrutor irá ajudá-lo a revisar seus objetivos e demonstrará como otimizar seu tempo de prática. Ele irá instruí-lo sobre a maneira correta de utilizar os equipamentos de treinamento e como fazer os exercícios de alongamento e aquecimento.

O desafio aqui é encontrar um bom instrutor. Só porque uma pessoa trabalha na academia ou no clube não significa que esteja mesmo qualificada para orientá-lo. "O problema é que a indústria de saúde e boa forma é totalmente desregulamentada", opina o doutor Thompson. "Assim, sugiro que você procure orientação de alguém que tenha boa formação e experiência e que seja graduado em faculdades de Educação Física, ou que possua certificados emitidos por órgãos reconhecidos."

Movimente-se — da maneira que puder

Os exercícios não precisam constar de um programa estruturado em uma academia. Você pode aumentar sua atividade incorporando pequenas mudanças em seu dia a dia. Seguem aqui algumas sugestões:

- Quando tiver de cumprir pequenas tarefas na rua, como ir ao banco, fazer compras, experimente ir a pé ou de bicicleta, em vez de dirigindo seu carro.
- Se tiver de ir de carro, estacione-o a alguns quarteirões de distância do local aonde você precisa ir e caminhe até lá.
- Se você vai ao trabalho de trem ou de ônibus, desça alguns pontos antes e siga a pé.
- Use as escadas em vez de subir ou descer de elevador ou escadas rolantes.
- Carregue suas compras até o automóvel em vez de levá-las no carrinho do supermercado.
- Quando estiver assistindo à tevê, não use o controle remoto — levante-se e mude os canais manualmente.
- Faça uma caminhada depois do almoço ou do jantar.
- Convide um amigo para juntar-se a você numa academia ou em um programa de exercícios.
- Pratique exercícios de solo, como abdominais e agachamentos, enquanto estiver assistindo à tevê.
- Escolha atividades divertidas como andar de *skate,* bicicleta ou dançar.
- Lave e encere seu carro em casa, manualmente.

Gravidez e exercícios

Você deve praticar exercícios durante a gravidez? Um ressoante "sim" é o que diz o Colégio Americano de Obstetras e Ginecologistas (ACOG, sigla para o nome em inglês) (www.acog.org). De acordo com o ACOG, menos de trinta minutos de exercícios em quase todos os dias da semana podem ajudar a aliviar muitos dos incômodos causados pela gravidez — dores nas costas, constipação e inchaços, entre outros. Caminhar, nadar, andar de bicicleta e treinar com pesos são excelentes opções, mas a gestante deve tomar as seguintes precauções:

- Evitar exercícios que envolvam saltos, movimentos desencontrados ou mudanças rápidas de direção que possam forçar as juntas ou causar lesões.
- Evitar esquiar, praticar esportes com raquetes, esportes de contato e mergulho.
- Cuidar para não ficar superaquecida, sobretudo com o clima quente e úmido — isso pode levar a perda de água e desidratação.
- Beber bastante água para evitar o superaquecimento.
- Praticar exercícios de maneira sensata, e não até o ponto de se sentir exausta.
- Depois do primeiro trimestre, evitar fazer quaisquer exercícios de costas.
- Usar roupas confortáveis que a mantenham refrescada.
- Usar um sutiã adequado, que sustente e proteja os seios.

Fonte: Adaptado de Panfleto de Educação do Paciente *n. AP119 © 2003 do Colégio Americano de Obstetras e Ginecologistas.*

Nada de torções, luxações nem tendões distendidos

Um dos maiores motivos que levam os indivíduos a parar de praticar exercícios são as lesões. Na verdade, é comum as pessoas procurarem tratamento médico para lesões musculares e ósseas muito mais do que para qualquer outro tipo de enfermidade. Por quê? Alguns são os famosos guerreiros de fim de semana, que exageram nos exercícios; outros simplesmente não são mais tão jovens quanto antes. Qualquer que seja a razão, para que você não venha a fazer parte das estatísticas, observe algumas maneiras de evitar traumas:

- Escute seu corpo. Se um exercício não lhe parecer bom ou se você sentir dor, pare imediatamente.

- Se você esteve sedentário por algum tempo e está começando a se exercitar, vá devagar. As coisas costumam dar errado quando exageramos.
- Permita-se um período de recuperação de pelo menos um dia entre as sessões de treinamento com pesos — nunca trabalhe os mesmos grupos de músculos em dias consecutivos.
- Sempre faça aquecimento e alongamento antes de iniciar os exercícios.
- Use calçados de boa qualidade, com solado almofadado e bom apoio de arqueadura, e prefira os de amarrar, pois oferecem muito mais apoio. Certifique-se de que os calçados sejam a escolha correta para qualquer tipo de atividade e que sirvam bem, com largura suficiente na ponta para acomodar seus pés. As mulheres, em especial, devem pensar no conforto e no apoio, e não na moda. "Muitos tênis femininos são fabricados com a ponta mais estreita, pois deixa os pés mais bonitos, portanto eu sempre sugiro que mulheres com pés mais largos comprem tênis próprios para meninos ou para homens", diz a doutora Marilyn Moffat, professora de fisioterapia na Universidade de Nova York. Substitua seus tênis a cada três ou seis meses, dependendo do tipo de atividade que você pratica. "Quando os calçados estão gastos, a probabilidade de você se lesionar aumenta muito", informa a doutora Janet Fulton, epidemiologista na Divisão de Nutrição e Atividade Física dos CDC.
- Proteja seus joelhos. Uma lesão de joelho pode ter um efeito devastador em sua mobilidade. Para mantê-los flexíveis, fortaleça os músculos da perna que os sustentam, sobretudo os quadríceps. Além disso, use calçados de boa qualidade e perca qualquer excesso de peso — quando caminhamos, a pressão em cada perna é o dobro da do nosso peso corporal, e quando corremos ou subimos escadas a pressão quadruplica, acrescentando ainda mais estresse às juntas. As mulheres devem tomar cuidado especial com os joelhos, porque têm um risco mais elevado do que os homens de lesões envolvendo os ligamentos cruciais anteriores (o tecido elástico na parte frontal do joelho que controla os movimentos giratórios). Isso se deve, em parte, à biologia: as mulheres têm ligamentos mais soltos que os homens, e seu formato pélvico mais largo cria um ângulo maior entre os quadris e os joelhos, colocando mais pressão nas juntas dos joelhos.

- Lembre-se desta sigla: RGCE. Se você acabar sofrendo uma lesão, a Academia Americana de Cirurgiões Ortopédicos recomenda as seguintes diretrizes para tratamento imediato: R, de Repouso: se você sentir dor, pare imediatamente toda atividade. G, de Gelo: aplique gelo envolvido em uma toalha na região lesionada. C, de Compressão: para reduzir o inchaço envolva o gelo na área afetada e aplique compressão (mas não com tanta força que possa impedir a circulação). E, de Elevação: levante a área lesionada a uma altura acima do nível do coração.

O quadro mais amplo: bem-estar geral

A maior riqueza é a saúde

— VIRGÍLIO

O bem-estar não se atém apenas ao âmbito físico, é mais do que isso. É o quadro completo: corpo, mente e espírito. Bem-estar é equilíbrio. Claro que existem alguns fatores que não podemos mudar — nossa composição genética, por exemplo, que pode aumentar os riscos de determinadas doenças ou deficiências. Mas deixando de lado o DNA, podemos minimizar esses riscos e desacelerar o processo de envelhecimento através de escolhas que fazemos: comer os alimentos certos, ter um tempo para nós mesmos, desenvolver relacionamentos íntimos e obter cuidados médicos adequados. Basicamente, manter o bem-estar é um investimento para nosso futuro, pois a maneira como vivemos agora terá um impacto significativo em nossa qualidade de vida conforme envelhecemos. Os essenciais para o bem-estar são:

- Bons hábitos
- Crenças e atitudes positivas
- Conexão com outras pessoas
- Cuidados médicos preventivos
- Meio ambiente seguro e saudável
- Cuidados e atenção consigo mesmo

Por que precisamos de bem-estar geral

Se os 50 anos são os novos 40, então os 80 são os novos 70. A boa notícia é que atualmente vivemos mais do que antes. De acordo com os dados mais recentes, de 2004, a expectativa média de vida nos Estados Unidos é de 80,4 anos para as mulheres e de 75,2 anos para os homens. E cada vez mais as pessoas ultrapassam esse limite — as últimas estatísticas do Bureau de Recenseamento dos Estados Unidos demonstram que 70.104 norte-americanos têm 100 anos ou mais, com o número de mulheres superando o de homens em cerca de quatro para um. À medida que os primeiros *baby boomers** começam a atingir os 65 anos, espera-se que o número de centenários chegue a mais de 1 milhão em 2050. (Para entender quanto progredimos, considere que a média de vida em 1900 era de 49 anos para as mulheres e 47 anos para os homens.)

Hoje em dia todos esperamos viver uma vida longa e saudável. E muitos de nós permanecerão em boa forma durante a velhice. Outros, porém, irão demonstrar sinais de envelhecimento precoce ou sucumbir a doenças e deficiências antes do tempo. Por quê? Os motivos variam — genes e meio ambiente têm papéis importantes. Entretanto, segundo os especialistas, o que de fato determina o estado da nossa saúde — agora e no futuro — se encontra em nossas mãos.

"Os determinantes da boa saúde são diferentes daqueles que a maioria das pessoas imagina que sejam", garante o doutor John Swartzberg, presidente do comitê editorial da *Berkeley Wellness Letter* da Escola de Saúde Pública da Universidade de Berkeley, Califórnia. "Sempre ouvimos falar sobre as maiores causas de morte como sendo doenças cardíacas, derrame, câncer, diabetes, obesidade mórbida, e assim por diante. Mas, na verdade, o que determina como será nossa saúde são nossos hábitos, que muitas vezes causam esses males; e eles estão em grande parte sob nosso controle."

---

* A definição mais aceita da geração *baby boomer* é que ela compreende as pessoas nascidas entre 1946 e 1964. O ano de 1946 marcou o início do aumento dos nascimentos nos Estados Unidos, e os números, embora tenham atingido seu pico em 1957, permaneceram estáveis até que, finalmente, começaram a diminuir em 1965. (N. do E.)

Um grama de prevenção

Quase todos os habitantes deste planeta conhecem os perigos do cigarro; no entanto, 21% dos norte-americanos continuam soltando baforadas. Infelizmente, de acordo com os Centers for Disease Control and Prevention (CDC), as doenças relacionadas ao tabagismo, como câncer de pulmão, doenças cardíacas, derrame e enfisema, tiram as vidas de mais de 400 mil pessoas a cada ano. Enquanto o câncer de mama é o mais comum entre as mulheres, e o câncer de próstata é o mais comum entre os homens, o câncer de pulmão na verdade é o principal, tanto para as mulheres quanto para os homens. Os CDC relatam que desde 1950 as mortes por câncer de pulmão entre as mulheres tiveram um aumento de 600% (nem sempre relacionado ao fumo). A agência afirma que se você é mulher e fumante, sua expectativa de vida poderia ser reduzida em cerca de catorze anos.

"O hábito de fumar é, de longe, a maior causa de doenças graves que poderiam ser evitadas. É uma insensatez", afirma o doutor Andrew Weil, ator de muitos livros de sucesso, incluindo *Envelhecer com Saúde* e *Alimentação Ideal para Uma Saúde Perfeita*, e fundador e diretor do Programa de Medicina Integrativa na Universidade do Arizona. "E, uma vez que esse hábito se inicia na juventude, acredito que é aí que devemos nos concentrar." Cerca de 90% dos adultos que fumam cigarros iniciaram o hábito antes ou durante a idade de 18 anos, de acordo com o Departamento de Saúde e Serviço Social dos Estados Unidos. Embora o hábito de fumar esteja em declínio entre os adolescentes em geral, alguns ainda não entenderam o recado. A Associação Americana do Pulmão informa que 22% dos estudantes do segundo grau fumam (os especialistas dizem que muitas meninas começam a fumar por acharem que isso ajuda a controlar o peso).

Beber é outro comportamento de risco que se inicia na juventude, em geral na adolescência. A idade média de meninas que experimentam bebidas alcoólicas pela primeira vez é de 13 anos, e de meninos, 11. Os adolescentes começam a beber regularmente com a idade de 15,9 anos, segundo relata a National Clearinghouse for Alcohol and Drug Abuse. Estima-se que mais de 3 milhões de adolescentes sofram de alcoolismo e que vários milhões tenham problemas com a bebida. Para os adolescentes, bem como para os adultos, os efeitos da bebida sobre a saúde podem ser devastadores. Dentre outros malefícios, o álcool prejudica o raciocínio, aumenta a possibilidade de acidentes, ferimentos e violência, além da probabilidade de o indivíduo se envolver em comportamentos perigosos como o sexo sem proteção e o tabagismo. O consumo de álcool está ligado a depressão, doenças do fígado, doenças cardíacas, hipertensão, osteoporose, defeitos congênitos e outras complicações durante a gravidez, e certos tipos de câncer (alguns pesquisadores sugerem que até mesmo o uso moderado de bebidas alcoólicas pode aumentar o risco de câncer de mama).

A prevenção, no entanto, nem sempre está em primeiro lugar na cabeça das pessoas, muito menos na dos jovens. As doenças cardíacas, por exemplo, são a principal causa de morte tanto de mulheres como de homens — mas os danos talvez só fiquem aparentes muitos anos depois. "Existem diversas formas de evitar as doenças cardíacas, mas parece que ninguém quer pensar sobre isso", lamenta a doutora Alice D. Domar, autora, entre outros, de *Self-Nurture: Learning to Care for Yourself as Effectively as You Care for Everyone Else*, diretora executiva do Domar Center for Mind-Body Health, em Waltham, Massachusetts, e professora assistente de obstetrícia, ginecologia e biologia reprodutiva na Escola de Medicina de Harvard. "O comentário recorrente é: 'Se eu comer um cheeseburger por dia aos 20 anos e aos 70 sofrer um ataque cardíaco... quem liga?' Nós simplesmente não queremos perder tempo com prevenção."

Contudo, 17,4% dos adolescentes norte-americanos com idade entre 12 e 19 anos estão acima do peso, de acordo com dados de 2004 do National Institute of Diabetes and Digestive and Kidney Diseases. Crianças e adolescentes com peso acima do ideal correm um risco elevado de desenvolver enfermidades graves, como doenças cardíacas e diabetes do tipo 2 — que antes eram consideradas doenças de adultos, mas que agora são encontradas entre os jovens.

A questão é que viver mais não significará viver melhor se não mantivermos a saúde em nossa juventude. O foco, diz a doutora Domar, deveria estar em "manter os jovens saudáveis para que não se tornem idosos doentes".

Embora ainda não seja possível reverter o processo de envelhecimento, podemos torná-lo mais lento mediante a prevenção de males e deficiências capazes de comprometer nossa qualidade de vida. É claro que isso não significa que você terá de viver em uma bolha protetora. Tudo é uma questão de equilíbrio.

O essencial: o que dizem os especialistas

Quer manter a boa saúde e o bem-estar por toda a vida? Eis do que você precisa:

1. Bons hábitos. Desenvolver comportamentos positivos é um dos melhores meios de se assegurar a boa saúde. Alguns bons exemplos:

- Consumir uma ampla variedade de alimentos nutritivos, com ênfase em verduras, legumes e frutas frescos, grãos integrais, proteínas magras e gorduras saudáveis. Evite alimentos processados e refinados, gorduras trans, sal e açúcar em excesso.
  As mulheres em idade fértil necessitam de quantidades adequadas de ferro e ácido fólico. A boa nutrição é essencial para uma gravidez saudável. "Seria excelente se as mulheres começassem a cuidar da dieta ainda durante a adolescência. Nosso corpo é como um jardim, que precisa ser mantido fertilizado para o momento em que a semente será plantada", comenta a doutora Christiane Northrup, autora de muitos livros de sucesso, incluindo *A sabedoria da menopausa* e *Corpo de mulher, sabedoria de mulher*. (Para mais informações sobre o que comer, veja "A substância da vida: alimentos nutritivos", na página 21).
- Pratique exercícios com regularidade pelo menos trinta minutos por dia e cinco dias por semana. A atividade física fortalece o músculo cardíaco e os ossos, diminuindo os riscos de doenças cardiovasculares e osteoporose, respectivamente. Ela também reduz o estresse e diminui o risco de diabetes, pressão alta e até determinados tipos de câncer. (Para mais informações sobre a prática de exercícios, veja "A jogada certeira: exercícios regulares", na página 59.)

- Durma bem, no mínimo entre sete e nove horas por noite (ou a quantidade de sono de que você precisa). De acordo com a National Sleep Foundation, a privação do sono aumenta o risco de, entre outras coisas, acidentes de trânsito, obesidade (acredita-se que a falta de sono afeta os componentes químicos e os hormônios que regulam o apetite), diabetes, problemas cardiovasculares, depressão e abuso de drogas. A falta de sono também diminui nosso nível de atenção, o tempo de reação e a capacidade de aprendizagem. (Para mais informações sobre o sono, veja "A chance de sonhar: uma boa noite de sono", na página 43.)
- Mantenha um peso saudável. O peso acima do ideal ou a obesidade irão colocá-lo em risco de doenças cardíacas, diabetes, hipertensão, alguns tipos de câncer e outras doenças — e algumas pesquisas sugerem que a expectativa de vida pode ser diminuída em cinco anos. Outra má notícia: as taxas de peso elevado e obesidade entre os adultos, nos Estados Unidos, mais do que dobraram nos últimos trinta anos — e o número mais do que triplicou entre crianças e adolescentes.
- Pratique maneiras de minimizar o estresse. Um dos pontos negativos da vida moderna é que muita gente se sobrecarrega, tentando equilibrar as responsabilidades da família e dos relacionamentos, os problemas com casa, trabalho, finanças, e assim por diante. A maneira como você reage a essas pressões diárias é fundamental. Alguns de nós vivem num estado de preocupação constante, e o efeito cumulativo desse estresse acaba cobrando um preço alto. O estresse tem relação com insônia, depressão, ansiedade, obesidade, problemas digestivos, doenças cardíacas, entre outras coisas. "Não creio que seja possível viver sem estresse, mas podemos aprender como minimizar seus efeitos danosos", diz o doutor Weil. Para diminuir o estresse, dedique-se a atividades que promovam o relaxamento: meditação, oração, ioga, tai chi, massagem ou o que quer que funcione para você. (Para mais informações sobre os benefícios da meditação e oração, veja "A mente em forma: exercícios físicos

e mentais", na página 209, e "Águas serenas: tempo para reflexão", na página 229.)

- Não fume — essa é uma das piores coisas que você pode fazer ao seu corpo. O fumo aumentará o risco de desenvolver doenças cardiovasculares, derrame e alguns tipos de câncer, em especial os de pulmão, garganta, colo de útero, esôfago, bexiga e boca. Pode também aumentar a probabilidade de menopausa precoce, enfraquecer seus ossos, manchar os dentes e provocar mau hálito — e, como um bônus, envelhecer sua pele e presenteá-la com rugas (sem mencionar os efeitos negativos na gravidez — dentre eles o parto prematuro e a chance de seu bebê nascer abaixo do peso). Não existe nada de bom a dizer a respeito do cigarro.
- Não consuma bebidas alcoólicas em excesso. Como alguns dos prazeres da vida, a bebida tem seu lado bom e seu lado ruim. Embora seja saudável em pequenas quantidades, tem também o potencial para o vício. Beber demais pode ter um efeito gravemente negativo na saúde. Uma palavra de alerta: se você bebe, faça-o com moderação. Isso significa cerca de um copo por dia para as mulheres e dois para os homens. "O álcool traz alguns benefícios para a saúde, em especial o vinho tinto", diz o doutor Weil. "Mas ele também causa muitos danos. A chave, aqui, é a moderação. Isso, para as mulheres, significa consumir uma quantidade ainda menor que a dos homens, pois o papel do álcool na incidência do câncer de mama parece bastante comprovado. Portanto as mulheres que têm um histórico familiar de parentes consanguíneos com câncer de mama deveriam ser particularmente cautelosas com o uso de bebidas alcoólicas."
- Limite a exposição aos raios ultravioleta evitando o sol direto no meio do dia (das dez da manhã às quatro da tarde), bem como as lâmpadas solares e os chamados bronzeamentos artificiais. O excesso de exposição aos raios UV irão colocá-lo em risco de câncer de pele, rugas precoces e envelhecimento da pele (contudo, nós realmente precisamos de cerca de quinze minutos de sol por dia para a produção da vitamina D). De acordo com a Sociedade Americana do Câncer, o câncer de pele está em crescimento entre pessoas com menos de 40

anos. Use protetor solar (com óxido de zinco ou dióxido de titânio) ou um filtro solar com no mínimo 15 FPS (o protetor solar costuma fornecer proteção maior do que o filtro solar), use chapéus de abas largas, blusas de mangas compridas, calças compridas (cores escuras protegem mais) e óculos de sol com protetores de UV. Num estudo recente, descobriu-se que aqueles que fizeram uso de bronzeamentos artificiais na adolescência e na faixa dos 20 anos tiveram um risco muito mais elevado de desenvolver carcinomas e ainda os mais fatais melanomas.

- Pratique sexo seguro, se você não tem um relacionamento monogâmico e de confiança. Isso significa usar sempre preservativos. A intimidade física é um dos maiores prazeres da vida, entretanto se não usar proteção você estará se expondo ao risco de inúmeras doenças perigosas, incluindo herpes, gonorreia, sífilis, clamídia, HPV (papilomavírus humano), hepatite e o vírus HIV.

2. Crenças e atitudes positivas. O poder da mente não pode ser subestimado quando se trata de bem-estar e saúde. Um crescente número de estudos sugere que ter uma visão otimista — a crença inerente de que a vida é boa, de que tem propósito e significado e de que as coisas sempre acabam ficando melhores — pode fortalecer o sistema imunológico e aumentar a longevidade. "Eu acredito que a boa saúde começa com a maneira como você pensa", diz a doutora Northrup. "Creio que é algo negligenciado, mas é o mais importante. Existem estudos realizados pela doutora Becca Levy, em Yale, que relacionaram as crenças das pessoas com sua saúde. O meu favorito é aquele que trata das atitudes dos indivíduos no que diz respeito ao envelhecimento. Descobriu-se que os donos de um senso de otimismo em relação à velhice viveram uma média de sete anos e meio a mais do que aqueles que tinham uma crença negativa." A doutora Northrup afirma que as pessoas que têm crenças positivas também tendem a cultivar comportamentos positivos. "Quando você se valoriza, então valoriza sua saúde e, naturalmente, tomará atitudes que irão melhorá-la. O que o indivíduo procura, ao se envolver com vícios como tabagismo ou comer demais, por exemplo, é tentar amenizar o sentimento de que não possui valor algum.

É por isso que as pessoas procuram a bebida ou os doces dos quais não necessitam. É seu sistema de crença. Se você trabalhar para resolver essas questões, então fazer dieta passará a ser algo simples."

Ter um forte sistema de crença também nos ajuda a lidar melhor com as pressões e adversidades da existência, a doutora Northrup afirma. "Haverá momentos em que coisas ruins acontecerão — você pode ficar doente, por exemplo. Portanto, é importante ter um sistema de crença que inclua um espaço para ser humano, para a compaixão por si mesmo, para encarar a doença como uma tecla de 'recomeçar' em seu corpo — e não como um castigo por você ter feito algo errado. Temos uma longa história, na civilização ocidental, de nos castigarmos sempre que algo ruim acontece — como se, de alguma forma, tivéssemos agido errado ou sido maus. Desse modo, é preciso que sua visão sobre as crises da vida dê a elas um significado para que você não fique se sentindo uma vítima. Ter algum tipo de crença espiritual que demonstre que há um significado aqui e que é maior do que nós mesmos é fundamental." (Para mais informações sobre otimismo e sistemas de crenças, veja "Sobrevivendo aos socos e às rasteiras: um senso de controle", na página 181.)

3. Conexão com outras pessoas. Somos seres sociais e necessitamos de amor, afeição, companheirismo e intimidade sexual. Ter relacionamentos íntimos — um companheiro amoroso, bem como amigos e familiares que nos apoiem — dá significado às nossas vidas e uma sensação de inclusão. As pesquisas sugerem que indivíduos que se sentem isolados e solitários vivem menos e sofrem mais com problemas de saúde do que aqueles que possuem fortes laços sociais (um relatório dos CDC afirma que pessoas casadas vivem cerca de cinco anos a mais do que as solteiras ou viúvas). Sentimentos de solidão e isolamento são fatores que contribuem sobremaneira para o estresse, a ansiedade, a depressão, o alcoolismo e o abuso de drogas.

"Certamente um dos ingredientes essenciais da saúde é ter um contexto social — amigos, família, colegas de trabalho, pessoas com quem você tenha fortes conexões", diz Judy Norsigian, diretora executiva e coautora de *Our Bodies, Ourselves* e cofundadora do Boston Women's Health Book Collective. "Você os apoia e se sente apoiado — é um reforço mútuo. Não é necessário que seja uma rede muito grande, mas você precisa de ao menos um amigo, e vários é ainda melhor. Dessa forma não irá experimentar nenhum dos muitos problemas causados pelo isolamento."

Algumas pesquisas demonstram que pessoas com menos contatos sociais têm imunidade mais baixa. "Foram feitos estudos sobre imunidade e apoio social na Universidade de Pittsburgh, nos quais o vírus do resfriado foi borrifado nas narinas e gargantas dos voluntários", diz a doutora Northrup, "e descobriu-se que aqueles que tinham quatro ou mais grupos sociais diferentes eram menos suscetíveis ao vírus". Outro estudo, na Universidade Carnegie Mellon, descobriu que entre os universitários do primeiro ano que receberam a vacina contra a gripe, aqueles que se sentiam solitários tiveram uma resposta imunológica mais pobre do que os que mantinham redes sociais mais amplas.

Todos nós precisamos de laços sociais, mas, em meio às nossas vidas frenéticas, as amizades podem se tornar secundárias. "Se você analisar os dados dos últimos dez anos sobre o poder do apoio social, verá que a mudança é profunda", comenta a doutora Domar. "Contudo, as pesquisas demonstram que quando a mulher é muito ocupada, ela continua a satisfazer as necessidades do seu trabalho, da casa e da família, porém se afasta das amigas. E uma mulher não pode se afastar das amigas. Ela necessita de uma pessoa, ou de um grupo, com quem trocar confidências."

No geral, entretanto, as mulheres têm mais probabilidade do que os homens de manter um círculo de apoio mais amplo. Amigos próximos são algo de que os homens também necessitam, porém esses relacionamentos não costumam ser prioridade, ainda mais quando eles são casados. "As mulheres possuem mais laços sociais do que os homens", diz o doutor Harvey Simon. "Muitos homens casados dependem das esposas na maioria das suas redes sociais fora do trabalho. Tudo flui através da esposa, visto que as mulheres tendem a ter redes sociais e amizades separadas dos seus cônjuges."

Ter laços de amizade é uma parte fundamental para se manter a saúde e o bem-estar geral, garante o doutor Simon. "As pessoas são um ótimo remédio, e creio que esse seja um dos múltiplos fatores que contribuem para o fato de as mulheres viverem cerca de cinco anos a mais que os homens." (Para mais informações sobre conexão, veja "Estendendo a mão: amor e conexão", na página 175, e "Em harmonia: um senso de unicidade e conexão", na página 221).

4. Cuidados médicos preventivos. Fazer exames preventivos, tomar vacinas e se submeter a exames gerais regulares são fatores importantes para se manter o bem-estar (para as mulheres, isso inclui também os autoexames mensais dos seios, que devem ser iniciados aos 20 anos).

Por exemplo, é fundamental se detectar um câncer nos primeiros estágios, quando é mais fácil de ser tratado, e exames de rotina como as mamografias e colonoscopias podem salvar vidas. Embora haja algumas controvérsias acerca da eficácia das mamografias, o National Cancer Institute informa que elas podem detectar 80% das anormalidades e reduzir as mortes por câncer de mama em mulheres com idades entre 40 e 69 anos. As mulheres pertencentes a grupos de alto risco devem fazer também exames de tomografia.

A colonoscopia é outra ferramenta eficiente para a prevenção. O câncer de cólon é a segunda principal causa de morte por câncer em homens e mulheres. "Podemos prevenir o câncer através da colonoscopia, mas somente cerca de 40% daqueles que deveriam fazer este exame realmente o fazem, segundo os números mais recentes", diz o doutor Swartzberg.

O doutor Simon recomenda que os homens na faixa dos 60 anos que foram ou ainda são fumantes deveriam se submeter ao exame de ultrassom para aneurisma da aorta abdominal, que é o enfraquecimento da parede da aorta. Segundo ele, os homens são muito mais sujeitos a esse tipo de aneurisma do que as mulheres.

A imunização pode ser outra arma para se evitarem determinadas doenças. De acordo com os CDC, a cada ano pelo menos 45 mil norte-americanos adultos morrem de gripe, pneumonia e hepatite B — e cerca de 200 mil são hospitalizados apenas pela gripe. (Existem vacinas que previnem essas doenças.) Têm havido muitos debates sobre vacinas, sobretudo no que se refere às crianças. "Há dúvidas quanto à imunização, tais como se estamos vacinando demais ou muito cedo", diz o doutor Weil. "Mas acho que a ideia básica das vacinas é boa e creio que os benefícios ultrapassam os riscos." Se os riscos o preocupam, consulte sempre seu médico antes de receber qualquer vacina.

Uma forma de se certificar de que você está obtendo os exames e a imunização adequados para a sua faixa etária — e para manter seu bem-estar — é submeter-se a exames gerais regulares com seu médico. Os National Institutes of Health recomendam que façamos pelo menos dois exames físicos dos 20 aos 29 anos; dos 30 até os 65 anos, um check-up entre um e cinco anos; e a partir dos 65 anos, um a cada ano.

O doutor Swartzberg garante que é importante consultar seu médico regularmente por uma série de razões. "Atuo também como clínico, além de professor, e gosto da ideia de conversar com meus pacientes, nem que seja só para ver como estão passando, falar sobre quaisquer dúvidas que tenham e para me certificar de que as novidades que temos a oferecer estão disponíveis a eles."

Além disso, mantenha seus registros médicos atualizados. "Acho fundamental manter um arquivo com suas informações médicas, incluindo histórico familiar, doenças anteriores e resultados de exames físicos e de sangue", diz o doutor Weil.

Mais uma dica de prevenção: não negligencie dentes, pele, olhos e ouvidos. Seguem aqui algumas recomendações atualizadas do Departamento de Saúde e Serviço Social dos Estados Unidos:

- *Dentes*. Pessoas de todas as faixas etárias deveriam fazer um exame dentário completo uma ou duas vezes por ano. É muito importante escovar os dentes e usar fio dental diariamente — a boa higiene dentária não apenas evita cáries, problemas nas gengivas e mau hálito, como também pode prevenir contra doenças graves. Estudos demonstram que indivíduos com problemas dentários como gengivite e periodontite podem vir a ter um risco maior de desenvolver doenças cardiovasculares. Por quê? Os cientistas ainda não têm certeza, mas uma teoria possível é que as bactérias nocivas da boca entram na corrente sanguínea através das gengivas inflamadas e depois se espalham para o coração e outros órgãos.

- *Pele*. Faça pelo menos um exame dermatológico a cada três anos, iniciando aos 20 anos. Depois dos 40, o exame deve ser feito todo ano. Todas as faixas etárias deveriam fazer um autoexame mensal para checar pintas e manchas.
- *Olhos*. Faça pelo menos um exame oftalmológico entre os 20 e 29 anos, e no mínimo dois exames por ano dos 30 aos 39 anos. Depois dos 40, faça exames a cada dois ou quatro anos, e dos 65 em diante, o exame deve ser feito a cada dois anos.
- *Ouvidos*. Faça um teste de audição iniciando aos 18 anos, e daí a cada dez anos até os 49 anos. Depois dos 50 anos, um exame deve ser feito a cada três anos.

5. Meio ambiente seguro e saudável. Todos nós precisamos nos sentir seguros, tanto pela nossa saúde quanto para nosso bem-estar emocional. Isso significa viver e trabalhar em lugares onde não estaremos expostos a perigos — poluição do ar (tanto no ambiente interno como no exterior), toxinas nos alimentos, na água ou outros produtos, barulho excessivo e abusos psicológicos ou violência física. "Você deve minimizar a ingestão de substâncias tóxicas em seu organismo e também em sua psique, e isso pode significar uma série de coisas: desde a exposição a agrotóxicos, poluição do ar, novas construções que estejam emitindo produtos gasosos ou partículas de equipamentos inativos, até uma pessoa que esteja constantemente intimidando-o ou ameaçando-o, alguém com quem você trabalha ou com quem convive", explica Judy Norsigian, coautora de *Our Bodies, Ourselves*.

Embora seja difícil controlarmos alguns riscos, podemos desempenhar um papel ativo na redução de outros. Por exemplo, as poluições do ar e visual são graves problemas ambientais, todavia o ar que respiramos em casa (ou no trabalho) é, na verdade, uma ameaça muito maior à nossa saúde. A Environmental Protection Agency informa que os níveis de contaminantes em ambientes internos pode ser de duas a cinco vezes — em alguns casos até mais de cem vezes! — mais elevados que os níveis externos. A poluição interna está se tornando tão comum que a agência considera como sendo um dos quatro principais problemas ambientais dos Estados Unidos.

Os poluentes internos incluem contaminantes biológicos como os ácaros, mofo, pólen e dejetos de animais; contaminantes químicos como fumaça de tabaco, chumbo, radônio, amianto e formol; e substâncias tóxicas contidas em produtos de limpeza doméstica, tintas e solventes. A exposição pode causar irritação nos olhos, no nariz e na garganta, dor de cabeça, tontura, náusea, fadiga, alergias graves, asma ou outros problemas respiratórios e, em alguns casos, câncer. Algumas defesas contra a poluição interna: ventilação adequada, filtros de ar, proibição do fumo, substituição para produtos mais seguros e instalação de detectores de radônio e monóxido de carbono.

Além disso, segundo Judy Norsigian, podemos comprar produtos de beleza e de limpeza doméstica que sejam mais seguros. "Com um esforço mínimo, é possível colocar menos produtos tóxicos em contato com seu corpo — desde a maneira como você lava suas roupas, a tintura para cabelo e maquiagem, até produtos de limpeza." Para informações sobre segurança de produtos cosméticos, verifique o Environmental Working Group (www.ewg.org), uma organização de vigilância ambiental que mantém um banco de dados com mais de 23 mil marcas de produtos. Verifique também a National Library of Medicine (www.householdproducts.nlm.nih.gov), que faz parte dos National Institutes of Health. (Para mais informações sobre segurança no lar, veja "Um teto sobre a cabeça: abrigo e segurança", na página 133.)

Se você pretende reduzir sua exposição a agrotóxicos, considere a possibilidade de consumir frutas, verduras e legumes orgânicos. Eles podem ser mais caros, portanto talvez seja interessante escolher os orgânicos apenas daqueles produtos que contêm mais agrotóxicos (verifique no site www.ewg.org a relação dos "doze sujos"; veja também "Orgânico *versus* convencional?", na página 38).

Existem medidas adicionais que podemos tomar para proteger nossa saúde. "Há toda uma outra dimensão a esse respeito — trata-se de se poupar de práticas potencialmente nocivas e aquelas que sabemos que são nocivas", diz Norsigian. Por exemplo, as mulheres deveriam evitar a aplicação de duchas higiênicas. "Ao ser aplicada, a ducha irá direto para o organismo. Terá acesso à sua corrente sanguínea e ao seu sistema linfático. Portanto, pense duas vezes antes de colocar qualquer substância fora ou dentro do seu corpo, antes de ingerir um medicamento ou de se submeter a um procedimento cirúrgico que seja simplesmente estético, com a esperança de parecer mais bonita."

Outro aspecto relevante para se manter seguro é ter relacionamentos amorosos e gratificantes — seja em casa seja no trabalho. Jamais aceite nenhum tipo de comportamento abusivo ou violento (isso inclui abusos verbais ou psicológicos). De acordo com estimativas da Associação Americana de Psicologia, 4 milhões de norte-americanas sofrem, por ano, graves agressões nas mãos de seus parceiros domésticos, e estes números incluem apenas os casos que são relatados. Se você vive ou trabalha em um ambiente hostil, procure ajuda imediatamente.

6. Cuidados e atenção consigo mesmo. Uma parte integral do bem-estar é o cuidado com as nossas necessidades — tanto com a saúde, com a vida emocional quanto com a espiritualidade.

Cuidar da saúde é algo a que sobretudo os homens não dedicam muita atenção. O problema é que a maioria deles adia o momento em que devem buscar ajuda médica, ou simplesmente não a procura — e isso se aplica tanto a doenças físicas como a problemas psiquiátricos. De acordo com os CDC, as mulheres têm 100% a mais de probabilidade do que os homens de procurar o médico para exames gerais anuais e serviços preventivos.

Negligenciar os cuidados com a saúde pode ter graves consequências. A taxa de mortalidade masculina é muito mais elevada do que a das mulheres nas dez principais causas de morte, segundo relatórios da Men's Health Network do Departamento de Saúde e Serviço Social dos Estados Unidos. Eles são também mais passíveis de sofrer de depressão não diagnosticada, que os coloca em um elevado risco de suicídio. De acordo com a Men's Health Network, os homens com depressão não diagnosticada têm quatro vezes mais probabilidade de cometer suicídio do que as mulheres.

Por que eles relutam tanto em procurar ajuda? "A verdade é que os homens não gostam de tirar um tempo para cuidar de si mesmos", explica o doutor Simon. "Ninguém sabe por que são assim. Talvez seja um problema cultural. Os homens ou adotam o estilo John Wayne de abordagem máscula, do tipo 'cerre os dentes e espere que tudo passe', ou então optam pela síndrome do avestruz, que é 'enfie a cabeça na terra e negue que há algo errado'. Eles não costumam admitir que são vulneráveis. Nem mesmo gostam de se revelar em conversas com os médicos. Assim, não procuram ajuda médica com frequência, e esse é um erro grave."

Embora as mulheres tenham o hábito de procurar cuidados médicos mais do que os homens, elas tendem a negligenciar outras áreas que requerem atenção consigo mesmas, porque quase sempre dão prioridade às necessidades de outras pessoas em detrimento das suas.

"Nosso modelo de cuidados com a saúde diz que devemos praticar exercícios, alimentar-nos bem, evitar fumar e blá-blá-blá, porém muito pouca ênfase se dá à maneira como fazer com que a mulher realmente se dedique a seu bem-estar, pois a sua prioridade sempre é o bem-estar da família", afirma a doutora Domar. "É preciso mudar esse paradigma e começar a educar as mulheres sobre como cuidar de si mesmas, de seus corações e seus espíritos. Isso é algo dificílimo, na verdade, mas creio que seja o fundamental para a saúde feminina."

Reservar um tempo para si mesma pode ser uma questão complicada para algumas mulheres. "O que ouço das mulheres é que elas adoram o conceito de autoatenção, no entanto sentem-se culpadas sempre que fazem qualquer coisa por si mesmas", diz a doutora Domar. "A culpa talvez seja a emoção mais problemática nesse caso. Elas se sentem culpadas por tudo."

Quando as mulheres têm famílias, é comum que deixem de lado suas próprias necessidades. "No caso de prevenir doenças cardíacas", a doutora observa, "vejamos este exemplo: se a mulher tem a escolha de servir à sua família uma refeição composta de brócolis e frango sem pele, algo que somente ela irá comer, ou cheeseburger, que o marido e os filhos irão preferir, o que você acha que ela fará? Essa mulher não irá impor sua necessidade de uma dieta de baixas calorias aos familiares."

Por ter como tarefa cuidar de outras pessoas, a mulher em geral negligencia os cuidados consigo mesma. "Para muitas mulheres a criatividade é algo que acaba desaparecendo", comenta a doutora Domar. "Elas não se sentem bem pintando um quadro com aquarela se as crianças estão gritando. Então, acabam desistindo."

Entretanto, as pessoas que cuidam de outras também precisam alimentar as próprias almas. "Ninguém pode se dedicar, colaborar e doar tudo aos outros o tempo todo", ela diz. "Precisamos de um tempo para nós mesmas, para meditar, fazer crochê, desenhar, ou seja o que for. Temos de ser criativas; construir em nossas vidas as coisas que nos dão prazer e felicidade, e não apenas trocar fraldas."

Tabela de exames e vacinação

DO QUE VOCÊ PRECISA: Exames para adultos

Exames	18-39	40-49	50-64	64 em diante
Tireoide (mulheres)	Começar aos 35, depois a cada 5 anos.	A cada 5 anos.	A cada 5 anos.	A cada 5 anos.
Pressão alta	No mínimo a cada 2 anos.	No mínimo a cada 2 anos.	No mínimo a cada 2 anos.	No mínimo a cada 2 anos.
Colesterol	Começar aos 20 anos, depois a cada 5 anos.	A cada 5 anos ou consulte o médico.	A cada 5 anos ou consulte o médico.	A cada 5 anos ou consulte o médico.
Densidade óssea (mulheres)		Consulte o médico no início da menopausa se houver risco.	Consulte o médico no início da menopausa se houver risco.	No mínimo uma vez. Consulte o médico sobre a necessidade de repetição do exame.
Diabetes	Consulte o médico se houver risco.	Começar aos 45 anos, depois a cada 3 anos.	A cada 3 anos.	A cada 3 anos.
Mamografia* (mulheres)	Consulte o médico se houver risco.	A cada 1-2 anos. Consulte o médico.	A cada 1-2 anos.	A cada 1-2 anos.
Papanicolau e exame pélvico (mulheres)	A cada 1-3 anos se for sexualmente ativa ou maior de 21 anos.	A cada 1-3 anos.	A cada 1-3 anos.	A cada 1-3 anos.
Clamídia	Para mulheres antes dos 25 anos, se sexualmente ativas. Com mais de 25 anos, se tiverem novos ou múltiplos parceiros. Todas as mulheres grávidas devem fazer este exame. Os homens devem consultar o médico.	Para mulheres, se tiverem novos ou múltiplos parceiros. Todas as mulheres grávidas devem fazer este exame. Os homens devem consultar o médico.	Consulte o médico.	Consulte o médico.

Exames	18-39	40-49	50-64	64 em diante
Doenças sexualmente transmissíveis (DST)	Os dois parceiros devem fazer o exame para DST, incluindo o HIV, antes de iniciar um relacionamento sexual.	Os dois parceiros devem fazer o exame para DST, incluindo o HIV, antes de iniciar um relacionamento sexual.	Os dois parceiros devem fazer o exame para DST, incluindo o HIV, antes de iniciar um relacionamento sexual.	Os dois parceiros devem fazer o exame para DST, incluindo o HIV, antes de iniciar um relacionamento sexual.
Sangue oculto nas fezes			Anualmente.	Anualmente.
Colonoscopia		Consulte o médico.	A cada 10 anos se houver risco.	A cada 10 anos.
Sigmoidoscopia			A cada 5 anos se não fizer colonoscopia.	A cada 5 anos se não fizer colonoscopia.
Enema de barium de duplo contraste			A cada 5-10 anos se não fizer colonoscopia ou sigmoidoscopia.	A cada 5-10 anos se não fizer colonoscopia ou sigmoidoscopia.
Exame retal	Consulte o médico.	Consulte o médico.	A cada 5-10 anos com cada exame (colonoscopia, sigmoidoscopia ou enema de barium de duplo contraste).	A cada 5-10 anos com cada exame (colonoscopia, sigmoidoscopia ou enema de barium de duplo contraste).
Exame de sangue antígeno específico da próstata (homens)		Consulte o médico.	Consulte o médico.	Consulte o médico.
Exame testicular (homens)	Auto-exame mensal e parte de exame geral.	Auto-exame mensal e parte de exame geral.	Auto-exame mensal e parte de exame geral.	Auto-exame mensal e parte de exame geral.

DO QUE VOCÊ PRECISA: Vacinação para adultos

Vacinas	18-39	40-49	50-64	64 em diante
Gripe	Consulte o médico.	Consulte o médico.	Anual.	Anual.
Pneumonia				Apenas uma vez.
Tétano-difteria	A cada 10 anos.	A cada 10 anos.	A cada 10 anos.	A cada 10 anos.
Papilomavírus humano (HPV) (mulheres)	Recomendada para idades entre 9-26 anos, antes de se tornar sexualmente ativa. Consulte o médico.			
Herpes			Idade acima de 60 anos, apenas uma vez.	
Hepatite A	Uma série para aqueles em grupos de alto risco (estilo de vida e ocupação). Consulte o médico.			
Hepatite B	Uma série para aqueles em grupos de alto risco (estilo de vida e ocupação). Consulte o médico.			

** A Sociedade Americana de Câncer recomenda que mulheres em grupos de alto risco também façam tomografias anuais; as mulheres também devem fazer autoexames mensais nas mamas, iniciando aos 20 anos.*

Fontes: Adaptado de materiais do Departamento de Saúde e Serviço Social dos Estados Unidos (Divisão de Saúde Feminina), Centers for Disease Control and Prevention (CDC) e National Cancer Institute.

Bandeira vermelha: mulheres e ataque cardíaco

As doenças cardíacas ocupam o primeiro lugar em causas de morte tanto de homens quanto de mulheres. Embora as mulheres incluam-se em quase metade de todas as mortes por infarto, existem diferenças na maneira como homens e mulheres reagem a isso. As mulheres são menos propensas do que os homens a acreditar que estão sofrendo um ataque cardíaco, e em geral adiam mais a busca por um atendimento de emergência. Além disso, elas tendem a ter cerca de dez anos a mais do que a idade média dos homens quando sofrem um infarto. Também são mais suscetíveis a ter outras doenças, como diabetes, pressão alta e falha cardíaca congestiva — o que torna ainda mais crucial que recebam o tratamento adequado o mais rápido possível. Seguem aqui alguns sinais mais comuns de infarto:

- Dor ou desconforto no centro do peito.
- Dor ou desconforto em outras regiões do abdome superior, incluindo braços, costas, pescoço, mandíbula e estômago.
- Falta de ar, suor frio, náusea ou tonturas.

Observação: Em homens e mulheres, o sintoma mais comum do infarto é a dor ou o desconforto no peito. Mas as mulheres têm mais probabilidade do que os homens de sentirem falta de ar, náusea/vômitos, e dores nas costas ou mandíbula.
Se você experimentar estes sintomas, ligue imediatamente para seu número de emergência.

Fonte: National Heart, Lung and Blood Institute. Adaptado de material extraído de <www.nhlbi.nih.gov>.

Uma vida melhor

Nossa expectativa de vida quase dobrou desde os anos de 1900. Os Centers for Disease Control and Prevention dizem que esse aumento drástico pode ser atribuído aos muitos avanços na área da saúde pública que ocorreram no último século:

- Mais disponibilidade de alimentos seguros e saudáveis.
- Melhor controle de doenças infecciosas através da água tratada.
- Vacinação e higienização.
- Melhor acesso aos cuidados médicos e neonatais.
- Melhorias de segurança no trânsito e nos veículos.
- Um declínio nos casos de morte por doença cardíaca e infarto.
- Aumento dos conhecimentos sobre os malefícios do fumo.
- Condições de trabalho mais seguras.

Você quer saber por quanto tempo irá viver? Para calcular sua expectativa de vida, verifique o site www.livingto100.com.

Melhor prevenir: abaixe as mãos

Você sabia que os vírus conseguem sobreviver até mais de dois dias em superfícies como maçanetas, balcões e torneiras? Podemos contrair esses germes tocando áreas infectadas e depois colocando as mãos nos olhos, na boca ou no nariz. A melhor maneira de evitar doenças é lavar as mãos com frequência, com sabonete e água morna (por quinze a vinte segundos). Eis como reduzir esses "encontros íntimos" com os germes:

- Lave as mãos *antes* de preparar alimentos, fazer refeições, alimentar seus filhos ou tocar os olhos, a boca ou o nariz, e de tratar um corte ou ferimento.
- Lave as mãos *depois* de preparar alimentos (sobretudo ovos, carnes e aves crus), manipular lixo, assoar o nariz, tossir ou espirrar, usar o banheiro, trocar fraldas, tocar alguém que esteja doente, tratar de ferimentos ou cortes, afagar animais ou limpar seus dejetos.
- Limpe regularmente seu telefone, o celular, teclado e mouse do computador — os pesquisadores da Universidade do Arizona também descobriram que estas superfícies são perfeitas para o acúmulo de bactérias.
- Não use batom e maquiagem de outras pessoas (e fique bem longe das amostras das lojas de departamentos).
- Jogue fora os lenços de papel usados.
- Leve sempre com você um higienizador de mãos à base de álcool.

Fontes: Centers for Disease Control and Prevention, Sociedade Americana de Microbiologia, Associação Dietética Americana e Universidade do Arizona.

A parte externa: o vestuário

A moda desaparece, somente o estilo permanece o mesmo.

— COCO CHANEL

Além do seu propósito prático — fornecer calor e proteção —, o vestuário transmite ao mundo a mensagem de quem somos. Dentre outras coisas, pode refletir nosso status social e econômico, nosso gosto pessoal, nossa autoconfiança e até mesmo nossos humores. Se bem escolhido, irá destacar nossos pontos positivos e minimizar nossos defeitos.

Os norte-americanos gastam muito dinheiro com roupas — em 2006, 350 bilhões de dólares foram gastos com roupas e sapatos, de acordo com a Associação Americana de Vestuário e Calçados. Mas quanto daquilo que entope nossos guarda-roupas realmente usamos? Não muito, ao que parece. Os especialistas dizem que a maioria das pessoas usa apenas 20% do que está em seus armários em 80% do tempo — o que significa que o restante de nossas roupas e nossos sapatos estão simplesmente juntando poeira.

Seu armário anda a ponto de explodir, e ainda assim você está sempre "sem nada para vestir"? Os experts afirmam que o segredo para se vestir bem está em ter uma boa base de itens clássicos que combinam com tudo, e depois ir construindo os trajes atualizados em torno deles. Quais são esses clássicos? De acordo com os profissionais do ramo, os essenciais para o guarda-roupa feminino são:

- Um vestido preto
- Três saias: uma preta modelo lápis; uma evasê; e (dependendo do tipo de corpo) uma pregueada, rodada ou longa (para usar com botas)
- Duas calças compridas: justa e tipo pantalona
- Uma calça jeans de bom corte e boa qualidade
- Uma clássica camisa branca de algodão
- Um suéter de gola alta
- Uma variedade de tops e camisetas regatas
- Um suéter de *cashmere*
- Um blazer
- Um paletó
- Um casaco leve ou *trench coat*
- Um casaco de inverno (dependendo do clima do lugar onde você mora)

Um guarda-roupa bem-editado para as mulheres

Ao contrário do que pensa a maioria, você não precisa de muitas roupas para estar bem-vestida. "O principal segredo é ter um armário bem-editado e organizado", afirma Glenda Bailey, editora chefe da revista *Harper's Bazaar*. "Coco Chanel passou a vida inteira pensando em moda e, quando morreu, em 1971, tinha apenas três trajes pendurados em seu armário em Paris."

Ter um guarda-roupa bem-editado significa ter roupas que a façam se sentir bem consigo mesma e com sua aparência, e eliminar aquelas que não cumpram esse propósito. Isso envolve saber que cores, formas e texturas funcionam melhor para seu rosto e tipo de corpo — e saber como combiná-las de um jeito muito pessoal. Trata-se de descobrir qual é seu próprio estilo. Ter estilo não significa ser escrava da moda, mas sim saber o que lhe serve melhor — é ter o bom senso de reconhecer que só porque alguma coisa está na moda não significa que lhe cairá bem.

"As roupas são os acessórios da nossa existência", diz Bailey. "Elas devem destacar nossa identidade, e não mascará-la. Se você compra apenas peças que realmente adora e que dizem quem é você, não tem como errar."

Mas quando se trata de comprar roupas, muitas de nós podem errar. Pode-se apostar que quase todas as mulheres, em pelo menos algum dia de suas vidas, já olharam em seus armários e disseram: "Não tenho nada para vestir." Entretanto a questão aqui não é a falta de opções. Na verdade, é exatamente o oposto, diz Peter Walsh, do *Clean Sweep* do canal TLC, autor de *It's All Too Much: An Easy Plan for Living a Richer Life with Less Stuff.*

"As pessoas acham que, se têm mais, terão mais opções na hora de escolher e, se têm mais opções, suas escolhas serão mais fáceis", explica Walsh. No entanto, não é assim que funciona, ele acrescenta. "A verdade é que você deve encarar isso de maneira diferente. Pergunte-se: 'O que realmente quero das minhas roupas, e o que realmente quero do meu guarda-roupa?' Se a resposta for: 'Quero roupas que me sirvam bem, com as quais eu fique ótima, pelas quais eu seja elogiada. Não pretendo ficar estressada quando abrir meu armário de manhã, e é imprescindível que seja capaz de encontrar as coisas com facilidade e rapidez'; então, livre-se de todas as peças que atrapalham e 'enxugue' tudo até chegar ao grupo principal de peças que você usa, que lhe servem bem, nas quais você fica ótima e pelas quais recebe elogios."

Dana Buchman, designer de moda, concorda. "Você deveria tirar do seu armário todas as peças que não lhe caem bem. Ficará muito melhor com um guarda-roupa mais reduzido, mas que tenha aquilo que lhe sirva maravilhosamente. Todo o objetivo da moda é fazer com que as pessoas se sintam bem, e ponto final. Trata-se apenas da sensação que as roupas lhe fornecem."

"Quando seu guarda-roupa é bem-editado, sua vida é simplificada", garante o designer de moda George Simonton, professor de design de moda no Instituto de Tecnologia de Moda de Nova York e coapresentador do programa *I've Got Nothing to Wear* do canal TLC. "Na verdade, esta é a mentalidade europeia", acrescenta Simonton. "Os europeus não compram toneladas de roupas, como os americanos. Aquilo que compram eles usam até acabar."

Qual é a sua relação com as roupas? Você é uma vítima da moda, com pilhas e pilhas de peças que adquiriu por impulso? Tem uma coleção de trajes de tamanhos diferentes, para qualquer que seja seu peso no momento? Armazena os fantasmas do passado — agarrando-se aos vestidos do seu tempo de colégio, esperando que algum dia eles voltem a ficar na moda? Ou é uma "caçadora de prêmios", com o armário repleto de peças de liquidação que você não poderia deixar de comprar, mas que nunca usou — algumas delas ainda com as etiquetas de anos atrás?

Qualquer que seja seu tipo, os especialistas em moda afirmam que ter um armário impossível de ser administrado não é o caminho do sucesso para se vestir. Se você quiser criar um guarda-roupa que funcione, simplifique. Os conhecedores afirmam que precisamos de uma base sólida de peças essenciais. Mas isso não significa que não possamos comprar roupas novas e que estejam na moda.

"Se você tem as básicas, então pode comprar peças modernas para completá-las", diz a designer de moda Nicole Miller. "Por exemplo, se você tem um top e uma saia estilosos demais, não deve usá-los juntos. Mesmo que sejam do mesmo estilista, é bem provável que usar um traje dessa maneira seja excessivo. Portanto, se puser uma blusa de grife supermoderna e cheia de estilo, escolha uma peça discreta para a parte de baixo."

Dana Buchman também concorda que devemos construir o traje a partir do básico. No entanto, "é importante se manter atualizada com a moda do momento. Comprar algo novo faz com que nos sintamos bem e nos mantém atualizadas. Adquirir uma peça nova, da cor atual, daquele novo formato ou nova categoria renova seu guarda-roupa e dá um estímulo ao seu espírito. É excitante usar algo novo".

O essencial para as mulheres: o que dizem os especialistas

Todas nós devemos ter um conjunto de peças básicas e versáteis em nossos armários, itens que combinam com tudo. Aqui, os profissionais oferecem as suas ideias acerca do que é indispensável:

Um vestido preto

"O tubinho preto — como o de Audrey Hepburn — é um clássico", diz George Simonton. Embora seja um básico do seu guarda-roupa, ele deve ser sempre em estilo moderno, completa Dana Buchman. Na verdade, esse item nem mesmo se encontra na relação dela de essenciais. "O motivo por que não o incluí é que ele só funciona se estiver certo no momento — o vestido que comprei sete anos atrás não funcionaria bem agora. O tubinho preto tem de ser atual."

Saias

A saia lápis. Um consenso entre os especialistas, a saia modelo lápis esteve presente em todas as listas de essenciais. "Uma saia lápis justa deve ficar na altura dos joelhos, nem muito comprida nem muito curta, e ser feita de tecido de alta qualidade, com um corte lindamente feminino", explica George Simonton. "Ela tem de ter estilo", acrescenta Dana Buchman. "Certifique-se de que tenha uma prega, para que fique entreaberta na barra." Jasmine H. Chang, editora executiva da revista *O: The Oprah Magazine*, diz que a saia lápis deve fazer com que você "pareça alongada".

A saia evasê. Glenda Bailey, da *Harper's Bazaar*, garante que a saia evasê "favorece todas as mulheres". Na opinião de Buchman, para algumas mulheres a saia evasê pode dar um efeito ainda mais "alongante" do que a saia lápis. "Mulheres de quadris mais cheios devem preferir a saia evasê com algum tipo de movimento."

Outras possibilidades. Vestir-se bem envolve saber qual é seu tipo de corpo e que estilos mais a favorecem. Nicole Miller acredita que uma saia de pregas na cor preta ou chumbo é essencial, mas deve ser ajustada em volta da barriga de forma que as pregas não se abram na cintura (isso acrescenta volume). Chang recomenda uma saia rodada ou balão que chegue à altura dos joelhos. Simonton acha que uma saia comprida, reta e com nesgas (ajustada na barriga) é essencial. "Muitas mulheres dizem que gostam do conforto de uma saia mais longa, na altura dos tornozelos, para se usar com botas", ele diz.

Calças compridas

Uma calça comprida bem ajustada no corpo é outro item essencial em todas as listas dos especialistas. Muitos recomendam tanto as calças retas e justas quanto as de pernas largas, tipo pantalonas; é seguro dizer que uma delas sempre estará na moda. "A cada ano há um novo formato de calça — e às vezes são dois", comenta Dana Buchman. No que se refere às cores, preto, sem dúvida, é um clássico. Jasmine H. Chang também recomenda a lãzinha cinza.

Alguns cuidados que você deve tomar quando for comprar calças compridas, segundo Nicole Miller: se quer parecer mais magra, "fique longe de calças com pregas ou com detalhes como bolsos, pois eles a farão parecer mais volumosa. Compre calças com a frente lisa e você poderá usar todos os seus lindos tops por cima delas sem que aquele volume fique aparecendo sob a blusa".

Como alternativa, George Simonton sugere um bom terninho preto. Você pode usá-lo como um traje completo, ou, se preferir, use o paletó e a calça separadamente, com outras peças do seu guarda-roupa.

Calças jeans

Outro consenso geral. Para Chang, é essencial ter "uma ótima calça jeans, que lhe sirva da melhor maneira possível". A palavra-chave aqui é *ajuste*, explica Buchman. "O ajuste é tudo. A calça precisa ajustar-se bem nos quadris. Ela não fica boa quando a cintura é alta demais e quando não tem nenhum estilo."

Uma camisa branca clássica de algodão

"Esta é uma peça básica que realmente nunca sai de moda", diz Jasmine H. Chang. "Os ombros dos casacos mudam, as saias ficam mais compridas ou mais curtas, as calças, com as cinturas baixas ou altas, retas ou volumosas. As estampas acabam cansando se usadas muitas e muitas vezes." Glenda Bailey e George Simonton também são fãs da camisa branca.

Porém, nem todos concordam nessa questão. Dana Buchman e Nicole Miller têm algumas reservas. A camisa branca, Buchman acredita, "fica ótima no momento em que você a veste, mas poderá adquirir um aspecto desleixado se, por exemplo, for usada num trajeto de carro ou numa viagem de avião; ou ainda se for mandada lavar muitas vezes. Na minha opinião, é mais importante ter uma peça colorida". Miller diz: "Muito poucas pessoas ficam bem de camisa branca. Para que fique realmente bem, você tem de estar supermoderna — com o cinto certo e as joias certas."

Um suéter de gola alta

Esta é outra peça essencial mencionada pela maioria dos especialistas. A cor preferida: preta. Chang recomenda a lã merino, enquanto Simonton prefere o *cashmere*. "Uma blusa de gola alta clássica é fabulosa", ele diz. "É um excelente pano de fundo para uma echarpe ou um broche."

Tops (camisetas básicas)

Outro item que não deve faltar e que consta da lista de todos os conhecedores: camisetinhas de alça, camisetas regata, camisetas com mangas, o que você preferir. Elas nunca são demais em seu guarda-roupa. "Essas peças básicas são mesmo fundamentais", garante George Simonton.

"Não sou grande entusiasta de peças básicas", diz Nicole Miller, "mas é sempre bom ter um top preto básico para usar sob um suéter — pode ser de gola redonda ou canoa. Procuro ter no mínimo dez delas no meu guarda-roupa". Dana Buchman adora as camisetas de alças, mas não é muito fã das camisetas de mangas, tipo *t-shirts*. "As *t-shirts* não costumam ser muito bonitas. Além disso, dependendo da sua idade, deve mesmo evitá-las. Conforme a mulher fica mais madura, precisa se tornar mais seletiva em relação ao que veste."

Um suéter de cashmere

Eis aqui outro básico eterno. "Um cardigã de *cashmere* vai com tudo — é universal", afirma Miller. "Se você usa um vestido, pode jogar o suéter nas costas para sair à noite. Ou poderá usá-lo por cima de uma camiseta de algodão ou um top de malha." Buchman também adora o cardigã de *cashmere* e garante que um suéter tipo pulôver funciona maravilhosamente. "Eu tenho um suéter com decote em V que sempre levo comigo a Paris, aonde vou em todos os verões. Posso jogá-lo por cima dos ombros se ficar com frio quando caminho pelas margens do Sena. É sensual de se usar, de se tocar, e muito prático em viagens — ele me mantém aquecida e também se transforma em um ótimo travesseiro no avião. Além disso, as cores são lindíssimas." Simonton, também fã do suéter de *cashmere*, recomenda um *twin set*.

Um blazer

Alguns especialistas acham que o blazer é mais essencial do que o paletó; outros acreditam que o paletó é mais essencial do que o blazer. Para outros, ainda, ambos são igualmente essenciais. Simonton é a favor dos dois. "Você não tem como errar usando um blazer clássico, tipo Ralph Lauren. Mas certifique-se de que seja de abotoamento simples, para que possa usá-lo aberto, quando quiser."

Um paletó

"Um paletó de boa qualidade é fundamental — não precisa ser um blazer", diz Dana Buchman. E o corte é tudo. O paletó deve cair "lindamente desde os ombros, onde deve ser bem ajustado", ela explica. Simonton concorda que, no que se refere a paletós (bem como a blazer e casacos), o corte é o que conta: "Tem de ser de boa qualidade. Logo se vê pelo caimento dos ombros e pela costura das mangas se a peça é de qualidade inferior."

Um casaco leve

Esse é outro clássico que consta das listas de todos os conhecedores. O *trench coat* "nunca sai de moda e favorece todas as mulheres", diz Buchman.

Um casaco de inverno ou sobretudo (dependendo do clima do lugar onde você mora)

Todo mundo precisa de um bom casaco de inverno, segundo Nicole Miller. Como essa é uma peça que você na certa irá usar por mais de uma estação, deve ter um bom corte, com tecido de boa qualidade e um estilo que perdure. George Simonton recomenda o casaco tipo sobretudo: "É clássico, vai bem com tudo e não sai de moda."

Regras para se vestir bem, de acordo com os especialistas

Seu armário está repleto de peças desencontradas e que não combinam entre si? Aqui, cinco especialistas em moda oferecem dicas sobre como criar um guarda-roupa que funcione:

Dana Buchman

1. Conheça o formato do seu corpo e do seu rosto. A única maneira de fazer isso é olhando-se no espelho.
2. Jamais use algo que você não adore, mesmo se tiver comprado. Nunca vale a pena.
3. Faça uma limpeza geral em seu armário regularmente; livre-se de tudo o que você não *adore* usar. (Se tiver uma ligação afetiva com algo, em razão de associações emotivas — boas lembranças ou o que for —, então guarde essa peça no sótão, e não na parte "ativa" do seu armário. Tais peças "extras" servem apenas para confundi-la e atrasá-la quando você está procurando uma roupa.)
4. Nunca diga nunca. Já conheci mulheres que afirmavam "Não posso usar nada verde." Bem, existem quatro trilhões de tons de verde. Bloquear toda uma categoria a deixará bem limitada. Muitas vezes presenciei mulheres em provadores que experimentam uma roupa na qual ficam maravilhosas, mas então dizem "Ah, não". Essa atitude é de quem vê algo que está só na mente, e não

no espelho. Você deve olhar para seu reflexo no espelho e não se deixar levar pela ilusão da sua mente.

5. Faça compras com uma amiga em quem confie — um outro par de olhos poderá ajudá-la a superar alguns velhos preconceitos.
6. Mande ajustar as roupas quando for necessário. Muitas mulheres têm a sorte de sair da loja com a roupa lhes servindo perfeitamente, mas isso não acontece com todas nós, pois temos estruturas e combinações diferentes. É essencial fazer com que as peças se ajustem em você como uma luva.

Glenda Bailey

1. Aplique sempre a regra de três: só compre uma peça de roupa se você puder usá-la com outros três trajes.
2. Três boas saias e três boas calças compridas são a estrutura básica do seu guarda-roupa.
3. Tenha três tops para cada calça comprida ou saia.
4. Não use mais de três cores de uma só vez.
5. Analise o formato do seu rosto — se é arredondado, evite golas altas; se tem o rosto alongado, as camisetas polo são ótimas; as camisetas com decote em V ficam fabulosas para todas.
6. Antes de comprar uma peça, pergunte a si mesma se a está comprando para a sua vida real ou para a sua vida de fantasia. Tenho uma amiga que trabalha no ramo de moda e que passava 30% da existência em desfiles e festas, 50% no escritório e 20% com os filhos. Ela possuía roupas maravilhosas para usar na cidade, mas nada que não deixasse seus filhos constrangidos. Não se vista para uma vida irreal, que não é a sua de verdade.

Nicole Miller

1. Antes de comprar algo, certifique-se de que irá servir com muitas outras coisas. É comum as pessoas comprarem sapatos por impulso porque os acharam lindos, entretanto não param para pensar

se irão combinar com as roupas que elas já possuem. Nem sei lhe dizer quantas vezes já comprei calçados que só combinam com uma roupa.

2. Evite adquirir calças compridas com pregas e bolsos — elas podem deixá-la mais volumosa. Prefira calças com a parte da frente lisa, com zíper na frente ou lateral, e poderá usá-las com todos os seus lindos tops sem que apareça nenhum volume por baixo da blusa.
3. Quando estiver pensando em cores, considere que o marrom é tão importante quanto o preto. Eu acho que nunca tenho suficientes peças marrons em meu guarda-roupa.
4. Tenha cuidado com as listras. Não importa se elas são verticais ou horizontais — o problema é o tamanho da listra. Listras muito largas sempre farão com que você pareça mais volumosa do que as listras finas.
5. Fique longe do verniz. Ele sempre parecerá plástico, independentemente de quanto custou. Além disso, é um modismo que sempre acaba muito rápido.

George Simonton

1. Compre roupas com um corte perfeito e tecido de boa qualidade e você nunca irá errar.
2. Evite peças que sejam marcantes demais — aquelas novidades que chamam muito a atenção. É claro que você não precisa "sumir" por completo, mas prefira não usar algo que seja demasiadamente ousado, que apareça a ponto de os outros comentarem: "Ah, ela está usando aquele vestido azul-pavão de novo." O ideal é que as pessoas vejam o seu rosto. Como costumo dizer aos meus alunos, a discrição e a elegância caminham juntas.

Jasmine H. Chang

1. Jamais invista em alguma coisa que seja "a última moda". De que adianta gastar uma fortuna em algo que estará completamente ultrapassado em poucos meses?

2. Algumas pessoas consideram antiquado, mas vestir-se de preto dos pés à cabeça ainda é o jeito melhor e mais chique. Além do mais, ninguém nunca repara se você está usando a mesma calça comprida pela terceira vez seguida!
3. Nada de tatuagens, nunca. Será que os seres humanos conseguem mesmo se comprometer com algo por toda a vida?
4. Pés malcuidados podem *matar* um belo par de sapatos abertos na frente ou sandálias. Considere uma boa pedicure como sendo um acessório de moda fundamental.
5. Alguns "não faça" podem parecer "faça". Experimente um pouco, você pode até se surpreender.

As principais preferências de quem está por dentro

Como seria de se esperar, os profissionais de moda que foram entrevistados não estão de acordo com todos os essenciais. A lista principal de essenciais exposta neste capítulo foi compilada baseada nas listas pessoais de cada um deles. Seguem aqui as suas escolhas:

Glenda Bailey

- Um vestido preto
- Uma camisa branca
- Uma saia preta modelo lápis
- Uma saia evasê (favorece todas)
- Uma calça comprida justa
- Uma calça comprida de pernas largas
- Um *trench coat*
- Um casaco de inverno
- Um blazer

- Um paletó
- Camisetas de mangas (*t-shirt*) ou camisetinhas de alças

Nicole Miller

- Um tubinho preto
- Um cardigã de *cashmere*
- Tops: camisetas sem mangas, regatas, camisetas de alcinhas, *t-shirts*
- Uma saia lápis preta
- Uma saia de pregas reta preta ou cinza-chumbo
- Uma calça comprida preta (frente lisa com zíper lateral)
- Um casaco leve
- Um bom casaco de inverno

Jasmine H. Chang

- Uma ótima calça jeans com bom caimento e que se ajuste bem no corpo
- Uma calça comprida de lãzinha cinza
- Camisas brancas clássicas de algodão
- Um *trench coat* ou casaco leve estiloso
- Um suéter de gola alta preto, de lã merino
- Uma saia lápis que a deixe alongada
- Uma saia rodada ou balão com comprimento nos joelhos

Dana Buchman

- O modelo de calça comprida da estação, em preto
- Um ótimo paletó
- Uma calça jeans que se ajuste em seu corpo com perfeição (com *stretch*)

- Uma saia lápis preta que seja sensual (evasê, se você tiver quadris mais largos)
- Algo com estampa imitando pele de animal (nunca sai de moda)
- Um suéter de *cashmere*
- Uma blusa de gola alta
- Tops: camisetas de alças
- Um *trench coat*

George Simonton

- Um tubinho preto
- Uma camisa branca magnífica
- Uma ótima calça comprida (corte reto)
- Um fabuloso terninho preto
- Uma saia lápis, chegando aos joelhos
- Uma saia de pregas macho de gabardine ou lã, ajustada na cintura
- Uma calça jeans com excelente caimento
- Um suéter de gola alta, preto e clássico, de preferência de *cashmere*
- Tops: camisetas de alcinhas, regatas e *t-shirts*
- Um *twin set* de *cashmere*
- Um blazer clássico
- Um paletó
- Um *trench coat*
- Um bom casaco de inverno

Um guarda-roupa bem-editado para os homens

Tempos atrás, os homens de negócios usavam ternos para trabalhar. E era só isso. Mas, com o advento da "sexta-feira casual" e das regras de vestuário menos rígidas em geral, os essenciais no guarda-roupa masculino deixaram de ser tão simples. Como resultado, atualmente os homens têm mais opções da moda. Embora o terno ainda seja o elemento principal (a gravata agora é uma "atitude" de moda para os mais jovens), existem outros itens essenciais que o homem moderno precisa ter em seu guarda-roupa. Segue abaixo uma relação de clássicos que combinam com tudo e que permanecem bons por muito tempo, não importa quanto sejam usados. De acordo com os especialistas em moda masculina, os essenciais para o guarda-roupa do homem são:

- Um terno de lã de boa qualidade
- Um blazer azul-marinho de abotoamento simples
- Uma variedade de camisas de algodão
- Uma gravata de malha de boa qualidade
- Uma calça jeans escura de bom corte, reta
- Um suéter de boa qualidade
- Uma calça de sarja de algodão
- Um casaco esporte
- Um casaco leve
- Uma jaqueta

O essencial para os homens: o que dizem os especialistas

Com os códigos de vestuário se tornando mais descontraídos no decorrer da última década, as regras para o guarda-roupa masculino mudaram. Aqui, os profissionais de moda oferecem suas opiniões sobre o que é indispensável:

Um terno de lã de boa qualidade

Embora tenham diminuído as exigências do uso de terno no local de trabalho, ele continua sendo essencial no guarda-roupa masculino. A maioria dos especialistas afirma que as melhores cores são cinza, azul-marinho e preto.

O terno de lãzinha cinza-chumbo com abotoamento simples é um clássico, diz Michael Bastian, designer de moda masculina e ex-diretor de moda da Bergdorf Goodman Men. "Escolha o tecido adequado para o local onde você mora e poderá usá-lo como terno ou em separado: somente a calça ou somente o paletó com calça jeans."

"O terno cinza é um clássico ao estilo Cary Grant que retornou ao seu auge", afirma Dirk Standen, editor-chefe de Style.com e Men.Style.com. "Talvez seja ainda mais essencial do que o terno azul-marinho, a esta altura." Ele recomenda um terno de lã com abotamento duplo.

Na opinião de Michael Macko, diretor de moda masculina na Saks Fifth Avenue, um terno cinza-médio em lã penteada é uma boa escolha. Ele acha também que os homens precisam ter um terno preto. "Um bom terno preto irá lhe servir em 99% das ocasiões que exigem traje formal. Muitos eventos hoje em dia dão opção de trajes formais ou *black-tie*, portanto um terno preto pode substituir o *smoking*. Apenas se certifique de que a camisa seja branca e impecável."

O azul-marinho é a cor de terno preferida de Simon Doonan, diretor de criação da Barneys New York e autor de *Eccentric Glamour: Creating an Insanely More Fabulous You* e *Confessions of a Window Dresser*. "Um terno leve de lãzinha azul-marinho é o traje mais útil do universo", ele garante. "Você pode usar a calça com tudo, até mesmo com uma jaqueta jeans. E o paletó se transforma em um excelente blazer esportivo clássico."

Se você precisa usar terno no trabalho

Os especialistas dizem que você necessitará no mínimo de três a cinco ternos. "O executivo tem de ter cinco excelentes ternos em seu armário", na opinião de Doonan. "Muitos homens costumam sujar a roupa quando comem. Não têm cuidado com as roupas. Tudo é uma questão de rotatividade, e o mesmo se dá com as camisas, os sapatos e as gravatas." Doonan recomenda dois ternos azul-marinho: um liso e outro risca de giz; dois cor de chumbo: um liso, um risca de giz; e um terno preto — todos eles em tecidos leves. Michael Bastian acha que o homem deve ter "pelo menos três ou quatro bons ternos, cinco, no máximo: um cinza liso, um azul-marinho liso, um risca de giz cinza ou azul-marinho e um bom terno de algodão cáqui para o verão".

Um blazer azul-marinho de abotoamento simples

Este básico está incluído na lista de quase todos os especialistas. "Ainda é uma das peças mais essenciais no guarda-roupa masculino", diz Michael Macko. "É tão tradicional e clássico e, no entanto, você pode usá-lo em todos os lugares. Pode usar com jeans, calça branca, cáqui ou com a calça cinza do seu terno." Mas fique longe dos botões de metal. "A não ser que você esteja acostumado a ser chamado de 'comandante', prefira os botões normais e não os de latão", diz Dirk Standen. Sua recomendação: "O modelo *Black Label* de Ralph Lauren tem um ótimo corte e caimento."

Uma variedade de camisas de algodão

A camisa branca social é um clássico na lista de todos. "Há dias em que a camisa branca é a única coisa que me faz parecer vivo", diz Standen. "Gosto da marca Prada porque os tecidos e os cortes têm um toque moderno, não são volumosos. Depois do branco eu escolheria o rosa e então o azul." Bastian concorda: "Você precisa ter uma camisa branca perfeita, uma camisa azul perfeita e uma camisa rosa perfeita."

Estes clássicos também se encontram na lista de Macko, no entanto ele diz que as camisas são uma categoria na qual os homens podem de fato demonstrar seu senso de estilo. "Os homens encontrarão muita diversão ao escolher camisas", ele diz. "Muitos parecem adorar uniformes: acreditam que as camisas só podem ser brancas ou azuis. É claro que você pode estar perfeitamente bem-vestido com um blazer azul-marinho, uma camisa azul e calça cinza. Mas poderá ir do bem-vestido para o moderno se substituir a camisa azul por uma listrada de branco e cor de vinho, uma riscadinha, em xadrez ou xadrezinho, ou algo com colarinho e punhos contrastantes."

Macko aconselha que, se você tiver de escolher entre uma camisa social e uma esporte, prefira a social. "A camisa social é muito mais versátil. Como pode ser usada com ou sem gravata, você irá aproveitá-la melhor. A camisa esporte, entretanto, não é feita para ser usada com gravata, pois o colarinho ficaria muito apertado ou muito largo. Muitas camisas esporte vêm nos tamanhos pequeno, médio, grande e extragrande. As sociais estão disponíveis em medidas certas para o braço e o colarinho, de forma que você obterá um caimento bem melhor."

Se você precisa usar camisa social no trabalho

Na opinião dos especialistas, você deve ter no mínimo quinze camisas sociais em seu armário. Por que tantas? Rotatividade, rotatividade, rotatividade. "Não sei com que frequência você lava suas roupas, mas imagino que sempre terá pelo menos cinco camisas fora de uso", diz Bastian. Doonan também recomenda quinze camisas: cinco de listras finas, cinco azuis e cinco brancas.

Uma gravata de malha de boa qualidade

"Compre uma boa gravata de *cashmere* azul-marinho e você irá usá-la em 90% das situações que exigem gravata", diz Bastian. Macko prefere a gravata preta Charvet. "As gravatas costumam se acumular nos armários dos homens — são as peças das quais temos mais dificuldade para nos livrar. Eu ainda tenho gravatas do meu tempo de colégio", ele afirma.

Se você precisa usar gravata no trabalho

"Tenha no mínimo cinco boas gravatas", sugere Macko. "Elas devem ser de cores que combinem com o restante do seu guarda-roupa. Portanto, se você tem um blazer azul-marinho e um terno cinza, as gravatas deverão ser nas cores vinho, azul-marinho, de listras vermelhas e até com um pouco de dourado. Todas elas devem combinar entre si. Não tente elaborar demais nos padrões e nas cores — a mistura de padrões pode ser perigosa."

Uma calça jeans escura, reta e de bom corte

Esta é uma peça imprescindível nas listas de quase todos os especialistas. "Procure a calça com corte reto, mas que não seja justa demais, e com a cintura que não seja muito baixa", diz Standen. "A marca Rag & Bone geralmente veste bem, embora o modelo 501 da Levi's continue imbatível. Eu não me preocupo muito com lavagens e essas coisas. A vida é curta demais para isso." Macko, fã da clássica Levi's 501, afirma: "A calça é reta, mas não justa demais. Os homens não apreciam calças muito justas porque não querem dar a impressão de estarem usando jeans femininos." Ele diz para evitar o modelo *boot cut*. "Há muito excesso de tecido — não há motivo para você andar com a calça arrastando ou com a barra desfiada. A barra deve ficar um pouco acima do sapato."

Como a calça jeans é muito confortável, alguns homens tendem a usá-la com demasiada frequência. Tente evitar isso, se puder, sugere Standen. "Não se deve abusar demais do uso de jeans, e é por isso que pelo menos duas vezes por ano eu procuro vestir calças de veludo."

Uma calça de sarja de algodão

Outra peça essencial no guarda-roupa do homem moderno. "O cáqui é uma excelente alternativa para o jeans", diz Macko. "A calça deve ser *clean*, bem ajustada e bem passada, principalmente se usada no trabalho. Ela fica ótima se combinada com blazer azul-marinho ou paletó cinza." Ele recomenda duas calças — uma para o trabalho e outra mais casual, para os fins de semana.

Um suéter de boa qualidade

"Um bom suéter com decote em V é elegante e discreto", diz Standen. "Eu tenho um de malha de algodão da marca Martin Margiela que é leve e de corte perfeito, com protetores de cotovelo em camurça. Fico sempre torcendo para que ele dure até o próximo inverno." Bastian também gosta do decote em V e do redondo, em *cashmere* azul-marinho. Doonan e Macko são fãs dos cardigãs fechados na frente com zíper.

Um casaco esporte

Um casaco esporte é outro item versátil em seu guarda-roupa, pois pode ser usado em diversas situações. "Por estranho que pareça, ele acabou substituindo o casaco", diz Bastian. "Hoje em dia o clima é tão imprevisível. Se você mora em Nova York, por exemplo, não precisa de um casaco pesado até que comece a nevar. Um bom paletó de *tweed* — junto com cachecol, luvas e um chapéu — pode protegê-lo muito bem no inverno. Tudo depende dos acessórios." Doonan acha que o homem precisa de dois paletós esporte: um de *tweed* e um de algodão.

Um casaco leve

Mais um básico usado e testado em todas as listas dos conhecedores. Bastian diz que é impossível errar com um *trench coat* da marca Burberry. Macko concorda. "Provavelmente essa é uma das peças mais versáteis que você pode ter. É clássico, eterno", ele afirma. "Compre um com o forro removível e você poderá usá-lo o ano inteiro, sem o forro na primavera e com o forro durante o outono e o inverno."

Uma jaqueta

Se você precisa ou não de um casaco de inverno vai depender do clima no local onde vive. "As jaquetas de couro ou camurça são um pouco exageradas, mas a de algodão tipo motociclista é um clássico moderno que sempre me faz sentir como Steve McQueen — embora eu não entenda nada de motos", diz Standen. Macko também gosta das jaquetas esportivas.

Regras para se vestir bem, de acordo com os especialistas

Michael Bastian

1. Compre menos e melhor. Os norte-americanos têm esse conceito de cortar despesas com itens básicos. Entretanto eu acho que você deveria gastar o máximo que puder nas coisas que usa todos os dias. Uma boa peça de vestuário pode custar caro no início, mas no final você estará gastando menos do que se adquirir muitas peças mais

baratas que nunca usa, ou que acaba jogando fora. Quando compra uma roupa de boa qualidade, você sente mais prazer ao usá-la, pois ela deixa sua aparência melhor.

2. Mande ajustar seu terno para que lhe sirva com perfeição. O maior erro que os homens americanos cometem é que, como regra geral, compram seus ternos um tamanho maior. O paletó do terno deve ter alguma relação com seu corpo. Além disso, experimente alguns tamanhos diferentes — não fique sempre no tamanho que você acha que é o seu. Nem todas as confecções têm os tamanhos iguais.
3. Não use sapatos baratos. Alguns homens gastam dinheiro com um bom terno, uma boa camisa e um belo corte de cabelo. Contudo, quando olhamos para baixo vemos que estão usando sapatos baratos e de má qualidade. Isso simplesmente destrói qualquer visual.
4. Pense nas proporções. A largura de sua gravata deve seguir a largura de sua lapela. Se você tem um paletó de lapela estreita, use uma gravata estreita. Se o seu paletó tem a lapela larga, a gravata precisa ser larga. O mesmo se aplica à largura do colarinho. Um colarinho pequeno não fica bem com um terno de abotoamento duplo e lapela de ponta. É a mesma coisa com os sapatos. Uma calça com pregas volumosas pede um par de sapatos mais pesados para ancorá-la.
5. Não use gravata com camisa de mangas curtas. Posso até entender a atração que alguns jovens nerds sentem por essa combinação, mas, em geral, é um visual muito fácil de se errar.
6. Não use jaqueta jeans com calça jeans. Não consigo imaginar uma maneira elegante de combinar a jaqueta e a calça jeans em um mesmo traje. O problema é que o jeans sempre dá a impressão de roupa casual. E nunca fica bem.
7. Não use meias curtas, na altura do tornozelo. Opte por meias comuns, que chegam até a panturrilha, ou fique sem meias.

Simon Doonan

1. Vista-se de maneira adequada ao seu tipo de trabalho. Eu lido com moda, portanto posso usar o que me der na telha. No entanto,

a maioria dos homens precisa se vestir de forma que demonstre competência e estabilidade, principalmente se estão lidando com grandes quantias de dinheiro ou instrumentos médicos. Ninguém há de querer se submeter a uma colonoscopia realizada por um camarada que esteja usando o mais estiloso e recente lançamento Dolce & Gabbana.

2. Simplifique. O fundamental, para a maioria dos homens, é manter-se organizado. Não se sinta culpado por ter um estilo uniformizado de se vestir.

Michael Macko

1. Descubra um ótimo alfaiate, seja ele alguém que trabalha na loja onde você compra as suas roupas, seja um alfaiate independente. A alfaiataria é essencial — suas roupas devem lhe servir com perfeição.
2. "Quebre" seu terno. Encare a calça e o paletó como duas peças separadas. Se você tem um terno cinza, por exemplo, pode usar o paletó com uma calça cáqui ou combinar a calça com um blazer azul-marinho.
3. Pense em seu guarda-roupa como um todo. Antes de acrescentar uma peça, analise como ela irá combinar com suas outras roupas. Além disso, evite as compras por impulso. Antes de adquirir aquele casaco esporte cor de ferrugem, pergunte-se: "Como vou encaixá-lo em meu guarda-roupa, que é quase todo cinza e azul-marinho?"
4. Se você necessita de ajuda com seu guarda-roupa, estabeleça um bom relacionamento com o atendente da loja onde costuma comprar. Essa pessoa poderá ajudá-lo a encontrar o traje certo, do tamanho e complementos certos.
5. Combine a cor das meias com a cor do terno. Um erro comum que os homens cometem é comprar apenas meias pretas e depois usá-las com tudo. Se você estiver usando um terno cinza, use meias cinza. Combine também o cinto com os sapatos.

6. Encontre a melhor lavanderia que puder. Limite as lavagens a seco a apenas duas vezes por estação. Os componentes químicos da lavagem a seco podem desgastar alguns tecidos, e se as roupas forem passadas a ferro muitas vezes adquirirão uma aparência lustrosa. Sempre mande lavar as roupas antes de guardá-las para outra estação, pois resíduos de comida, óleo ou transpiração irão atrair mofo e traças.
7. Faça um investimento em sapateiras. Elas irão prolongar significativamente a vida dos seus calçados. Compre as de cedro sem verniz — elas absorvem a umidade e o odor.

Dirk Standen

1. Compre roupas que lhe sirvam bem (nada de dois tamanhos maiores ou um tamanho menor).
2. Prefira as cores azul-marinho, cinza, branco, tonalidades de azul, um pouco de bege e um toque de rosa.
3. Adquira uma peça cara e use-a muitas e muitas vezes, em vez de cinco peças mais baratas. (Você pode dizer às pessoas que é seu uniforme.)
4. Mantenha um aspecto saudável. John Kennedy sabia a importância disso. Ele sofria de um grave problema de coluna, mas com aquele bronzeado e com aquele corte de cabelo, conseguia transmitir a impressão de vitalidade.

As principais preferências de quem está por dentro

Os especialistas em moda masculina, assim como os experts em moda feminina, não concordam em todos os essenciais. A lista básica (mencionada anteriormente) foi compilada com base em suas escolhas pessoais. Eis as relações de cada um deles:

Michael Bastian

- Um terno de lãzinha cinza (no mínimo três a cinco ternos se você os usa no trabalho)
- Uma boa calça de sarja de algodão
- Um blazer azul-marinho de abotoamento simples
- Um suéter de *cashmere* azul-marinho, com decote em V ou redondo
- Camisas sociais de algodão: brancas, azuis ou rosa
- Uma boa gravata de *cashmere* azul-marinho
- Uma calça jeans que lhe sirva perfeitamente
- Um *trench coat*
- Um paletó esporte de *tweed*

Simon Doonan

- Um terno azul-marinho de lã leve (se você trabalha de terno, pelo menos cinco ternos — dois em azul-marinho, um liso, outro em risca de giz; dois em cinza-escuro, um liso e outro em risca de giz; e um preto)
- No mínimo quinze camisas sociais (se você trabalha de terno — cinco de listras finas, cinco azuis e cinco brancas)
- Cinco camisas esporte: duas em xadrez e três lisas, de cores diferentes
- Três calças de sarja de algodão ou jeans
- Um suéter com abertura de zíper na frente
- Duas jaquetas esporte: uma de algodão e uma de *tweed*

Michael Macko

- Dois ternos, cinza-médio e preto, de lã penteada (a espessura deve depender do clima)
- Um blazer azul-marinho de abotoamento simples

- Entre oito e dez camisas de algodão (sociais e esporte)
- Uma boa gravata preta de malha (pelo menos cinco gravatas se você as usa para trabalhar)
- Uma calça de sarja de algodão de boa qualidade
- Uma calça jeans reta, escura
- Um suéter com abertura de zíper na frente, em *cashmere* ou lã merino
- Um *trench coat*
- Uma jaqueta esporte de *tweed*
- Um sobretudo ou uma jaqueta estilo motociclista (em climas frios)

Dirk Standen

- Um blazer azul-marinho de abotoamento simples
- Um terno de lã cinza de abotoamento duplo
- Um suéter cinza, leve, com decote em V, de malha de algodão ou *cashmere*
- Uma calça jeans escura, reta
- Uma camisa branca de algodão
- Uma jaqueta tipo motociclista de algodão preto

Luxos necessários para as mulheres

Itens nos quais esbanjar

Nem tudo em seu guarda-roupa precisa ser o máximo do máximo. Você pode economizar em peças como calças compridas, saias e acessórios básicos. "Para mim, essas são roupas de pano de fundo. Você pode conseguir calças compridas e saias de corte razoavelmente bom nas coleções secundárias de muitos designers", é a dica de George Simonton, professor de design de moda no Instituto de Tecnologia de Moda de Nova York. Mas faça questão de alta qualidade nos seguintes itens:

Calçados. "Não há nada pior do que um par de sapatos baratos", diz Jasmine H. Chang, editora executiva de moda da revista *O: The Oprah Magazine*. "Não estou dizendo que você tem de gastar 600 dólares num par de sapatos. Eu não gasto. Porém estou me referindo àquelas péssimas imitações de estilistas famosos. Esses sapatos são de má qualidade e machucam os pés." Simonton concorda: "Seus calçados devem ser de boa qualidade. Uma amiga minha, anos atrás, gastava uma fortuna com roupas, mas só comprava sapatos baratos — isso de fato pode destruir todo o seu traje."

Bolsas. "Toda mulher necessita de pelo menos uma bolsa que lhe dê status; se não for por mais nada, no mínimo irá melhorar sua autoestima", garante Chang. "Uma bela bolsa de grife tem esse poder." Na opinião da designer de moda Dana Buchman, "não precisa ser a bolsa da temporada, o último lançamento. Entretanto você deve ter ao menos uma bolsa de boa qualidade".

Um paletó e um casaco de inverno (dependendo do clima). A alfaiataria e o caimento contam muito aqui, diz Buchman. "Gaste mais no paletó. Um corte bem-feito aparece nos ombros, nas dobras da lapela e no caimento da peça. Uma peça excelente cai lindamente a partir dos ombros — ela deve ajustar-se em você nos ombros."

Uma bela camisa branca. "Não se deve fazer concessões quando se trata de uma bela camisa branca", afirma Chang. "Gaste com ela o máximo que você puder."

Correndo atrás do ouro

Comprar roupas e acessórios dos últimos lançamentos de grifes famosas certamente não é essencial. Por outro lado, seu dinheiro não será desperdiçado se você souber o que deve procurar. Um clássico de boa qualidade lhe dará anos de prazer por usá-lo, e também pode ser um bom investimento, pois o valor irá aumentar. "Uns poucos luxos necessários perduram por muito tempo", opina Glenda Bailey, editora-chefe da *Harper's Bazaar*. "O preço da moda sobe todos os anos; portanto, se você comprar agora, poderá vir a economizar um bom dinheiro."

Se você decidir investir em alta-costura, diz Bailey, "prefira grifes cujo valor irá aumentar, como Hermés, Lanvin, Louis Vuitton, YSL e Chanel. Não corte fora as etiquetas e certifique-se de guardar reportagens de revistas que se referem às suas peças: elas serão a sua apólice de seguro no caso de uma revenda".

Além disso, Bailey acrescenta, "calcule o custo por ano. A bolsa de mil dólares que você irá usar duas vezes por semana pelos próximos dez anos — que lhe custará menos de um dólar por uso — é melhor do que aquela novidade mais barata que irá durar somente uma temporada".

Dana Buchman garante que as bolsas de noite são outro grande investimento em moda. "Elas são eternas. Você poderá passá-las para suas filhas, pois nunca saem de moda."

Sobre sutiãs e maiôs

O sutiã perfeito

A roupa de base correta pode fazer toda diferença, segundo Glenda Bailey. "Sete entre dez mulheres estão usando o tamanho errado de sutiã." Você pode descobrir qual é seu tamanho certo em apenas dois passos: "Meça a circunferência abaixo do seu busto, na altura do diafragma, em torno das costas e das axilas, e acrescente 5 (arredonde se for necessário). Depois meça toda a área do seu busto e subtraia o número do primeiro passo, para saber o tamanho do bojo: 0 = AA; 1 = A; 2 = B; 3 = C; 4 = D; 5 = DD."*

* Estes números referem-se a medidas dos Estados Unidos. No Brasil, os tamanhos equivalem a: 36 = PP; 38-40 = P; 42-44 = M; 46-48 = G; 50-52 = GG; 54 = EG. (N. da T.)

O maiô perfeito

Para muitas mulheres, comprar um maiô ou biquíni pode ser um trauma anual. Qual é a melhor cor para minimizar os estragos de um corpo menos que perfeito? Um maiô liso e preto, certo? Errado, segundo a designer de moda Nicole Miller. Se você deseja esconder alguns defeitinhos, não use preto total, nem tons pastel, ela alerta. "Maiôs com estampas servem muito melhor como camuflagem e fazem com que você pareça mais magra do que os pretos. Os de tons pastel são ainda piores do que os pretos." As estampas são mais generosas — elas desviam a atenção do seu corpo. Quando você usa um maiô preto ou em tons pastel, não consegue esconder nada.

Acessórios: os indispensáveis para as mulheres

Os acessórios, segundo George Simonton, "podem fazer ou destruir uma roupa. Joias ou bijuterias de boa qualidade, um belo relógio, calçados e bolsa fazem toda a diferença". Seguem aqui algumas recomendações de quem está por dentro:

Sapatos

"Um escarpim de salto alto, sapatos baixos perfeitos e sandálias de noite": recomendação de Glenda Bailey.

"Um maravilhoso par de escarpins pretos", diz Simonton.

"Um par de botas de salto baixo, um par de sapatos de saltos que lhe forneçam um pouco de altura — podem ser de salto agulha ou plataforma", opina Jasmine H. Chang. "Eu também adoro os mocassins oxford em estilo masculino e as sapatilhas Repetto."

"Um par de sapatos com os saltos mais altos que você conseguir usar", segundo Dana Buchman. "O visual fica fantástico. Eles são péssimos para os pés e machucam, mas valem a pena."

"Calçados abertos na ponta para o verão", sugere Nicole Miller. "No início da estação, quando suas pernas ainda não estão bronzeadas, compre sapatos de cores neutras — como camurça bege ou ouro velho. Essas cores favorecem muito mais do que o preto."

Bolsa
Do início ao fim, todos os especialistas afirmaram que toda mulher precisa de pelo menos uma bolsa maravilhosa.

Joias e bijuterias
"Um excelente relógio diz mais que mil palavras", afirma Chang.
Para Miller, "você precisa ter um bom colar básico que combine com tudo. E também algumas peças de acabamento antigo em ouro ou prata".
"Brincos solitários de brilhante — eles ficam elegantes com tudo", diz Buchman. "E não importa que sejam verdadeiros ou falsos."
"Um belo relógio", é a sugestão de Simonton.

Cintos
Simonton dá sua opinião: "Um fabuloso cinto de couro ou camurça. Um bom cinto realmente pode mudar todo o visual de um traje."

Acessórios: os indispensáveis para os homens

Todos os especialistas concordam que os homens devem limitar os acessórios. "Fique com o mínimo", diz Simon Doonan, diretor de criação da Barneys New York. "Não fique brincando com lenços de bolso e abotoaduras, a não ser que você seja um verdadeiro dândi e saiba o que está fazendo." Os acessórios que contam são:

Calçados
"Um bom par de sapatos cordovan de amarrar ou mocassins", sugere o designer Michael Bastian, diretor de criação de vestuário masculino da Bill Blass. "Os homens têm de pensar nos sapatos da mesma maneira como pensam em carros — trata-se de um investimento. Os cordovans são quase indestrutíveis. Você pode trocar o solado deles vinte vezes e mantê-los por toda a vida."
"Para o trabalho, tenha sempre sapatos pretos de amarrar e alguns mocassins pretos simples, que são versões dos sapatos Prada de dez anos atrás", Doonan opina.

"Botas Chelsea pretas ou marrons", diz Dirk Standen, editor-chefe do Style.com e Men.Style.com. "Eu detesto laços e não sou grande fã de meias. No verão, uso mocassins ou calçados Vans. No inverno, botas Chelsea — pelo menos não se veem as meias."

Para Michael Macko, diretor de moda masculina na Saks Fifth Avenue: "Um par de sapatos sociais de amarrar, sapatos de amarrar ou mocassins de camurça marrom-chocolate, um ótimo par de tênis, e botas Chelsea pretas ou marrons."

Relógio

"Tenha o melhor relógio que você puder comprar", opina Bastian. Standen concorda: "Os acessórios são uma das primeiras coisas em que as pessoas reparam. Você pode usar roupas relativamente básicas, mas invista em um relógio decente. Um arquiteto amigo meu diz que: 'quanto mais rico o cliente, mais barato o relógio' — e a maioria de nós não é rico o suficiente para usar um relógio barato." Ele recomenda "um Rolex GMT Master de aço inox. Ou você é do tipo Rolex ou não é. Atualmente eu uso um Daytona de ouro, que não se pode chamar de estritamente essencial, mas durante vinte anos, todos os dias, usei um GMT Master de aço. Creio que esse seja um relógio mais sutil do que o Submariner".

Cinto

"Você precisa ter um cinto preto e um marrom", diz Macko. "Eu sou um seguidor da regra de que o cinto deve combinar com os sapatos. A Hermès tem um cinto reversível, e muitos designers como Ferragamo e Gucci oferecem cintos do mesmo material que os sapatos."

Chapéu

Este acessório depende do clima, é claro. "Uma boina de *tweed*", opina Standen. "De que adianta perder os cabelos se você não puder usar uma boina elegante de vez em quando? Gosto de pensar que a boina de *tweed* me dá aquele ar de John Houston na Irlanda e, além de tudo, mantém a minha cabeça aquecida." Macko acha que você não conseguirá errar se usar um capuz de *cashmere* preto ou azul-marinho.

Fora com as velharias: administrando bem o seu guarda-roupa

Você perdeu o controle de seu guarda-roupa? Bem, saiba que não é o único, segundo Peter Walsh, do *Clean Sweep* do canal TLC e autor de *It's All Too Much: An Easy Plan for Living a Richer Life with Less Stuff*. O problema? Nós compramos demais.

"Acredito sinceramente, e uso esta expressão de propósito, que estamos vivendo uma orgia de consumo", ele diz. "Os motivos? Sobretudo porque as coisas são baratas e o crédito é fácil. Vivemos em uma cultura que afirma que quanto mais, melhor — se um é bom, imagine dois. É a mentalidade do excesso. Essa cultura também prega que o sucesso é mensurado pela aquisição de bens. Enfim, e acho que este é o pior motivo de todos, somos levados a comprar não o produto, mas a promessa. Quando adquirimos uma calça jeans, estamos comprando a promessa de que, quando a vestirmos, nosso traseiro ficará mais bem-definido."

Como você se sente quando olha em seu guarda-roupa: confuso, deprimido, culpado? Quando depara com todas aquelas peças que não usa mais e das quais não gosta, fica difícil encontrar o que procura. Isso também pode ser um campo minado emocional, repleto de lembretes do passado — do peso que você adquiriu ou que não perdeu; do dinheiro gasto sem pensar; ou mesmo de relacionamentos que terminaram. Desfazer-se do excesso de inutilidades pode ser catártico, um ato de limpeza da mente e revitalização do espírito, abrindo espaço para coisas novas.

Para ajudá-lo a eliminar as velharias, Walsh sugere uma regra básica: "Se você não usou uma peça nos últimos doze meses, pergunte-se: eu realmente preciso disso?" É claro que aqui você deve aplicar o bom senso. A regra pode não servir para determinadas peças, como por exemplo aquele seu lindo e exclusivo Balenciaga, ou roupas próprias para esquiar na neve e casacos de inverno.

Além disso, Walsh aconselha, jogue fora quaisquer roupas que lhe provoquem reações emocionais: "Os armários das mulheres estão cheios de roupas 'de desejo', que existem por um único motivo: zombar de você. Livre-se delas. Se está cumprindo um bom programa de dieta e exercícios, quando voltar ao seu peso ideal poderá comprar trajes que lhe sirvam bem."

Elimine também as dispendiosas roupas do tipo "erros da moda", aquelas que nunca lhe caíram bem, embora tenham custado uma fortuna. "Você quer ter um armário repleto de roupas que a fazem se sentir culpada sempre que as vê?", indaga Walsh.

Descarte os trajes que têm associações negativas — se um determinado vestido verde sempre a faz se lembrar do seu primeiro encontro com aquele ex-namorado que a traiu, jogue-o fora.

Se você não tem certeza da frequência com que usa determinadas peças, Walsh oferece uma estratégia simples: "Vire todos os cabides do seu armário de trás para a frente. Nos meses seguintes, quando usar uma peça e pendurá-la, coloque o cabide de volta na posição certa. Ao final de seis ou nove meses, se você descobrir que ainda há cabides virados para trás... o que eles estão fazendo em seu guarda-roupa?"

Por fim, Walsh nos aconselha a ver nosso armário em termos de um relacionamento. "O principal aqui é que primeiro você deve honrar e respeitar as limitações de espaço que seu guarda-roupa lhe oferece — da mesma forma que deve honrar e respeitar uma pessoa com quem se relaciona. Se não honrar e não respeitar as limitações de espaço do seu armário, ele se voltará contra você como um mau amante. É verdade. As pessoas dizem 'Meu armário me deixa louca! Sinto-me sufocada quando o abro e olho lá dentro.' Será que estamos falando sobre um móvel ou sobre um relacionamento? É a mesma coisa."

Deixando seu guarda-roupa mais ecológico

No filme *Mamãezinha querida*, de 1981, Joan Crawford (interpretada pela atriz Faye Dunaway) tem um ataque de nervos por causa dos cabides de metal no armário da filha. Se você compartilha dessa aversão específica de Crawford, pense duas vezes antes de jogar fora seus cabides. Embora os de metal sejam recicláveis, a maioria deles (na casa dos bilhões) acaba nos depósitos de lixo todos os anos. O problema: nem todas as comunidades reciclam cabides.

Antes de descartá-los, pergunte ao dono da sua lavanderia se ele os aceitaria de volta. Se a resposta for negativa, cheque com igrejas, albergues ou grupos de caridade (como o Exército da Salvação) da sua cidade se precisam de cabides.

Uma empresa chamada Hanger Network criou os EcoHangers, que são cabides ecológicos feitos de papel 100% reciclado e biodegradáveis. A Hanger Network vem tentando convencer mais lavanderias a usar os EcoHangers, que são distribuídos gratuitamente a empresas em uma variedade de cidades pelos Estados Unidos.

Mais uma dica para tornar seu armário ecológico: quando guardar suas roupas de inverno, não use bolas de naftalina. Elas são feitas de paradiclorobenzeno, um produto tóxico associado a diversas enfermidades, incluindo irritação de pele, garganta e olhos. O mais saudável e ecológico é dar preferência a produtos com cedro, eucalipto ou lavanda.

Você é um consumidor com consciência ecológica?

Se for, então sabe que o "verde" é o novo "preto". Cada vez mais estilistas e empresas vêm oferecendo roupas ecológicas, confeccionadas com tecidos orgânicos (que não contêm produtos químicos prejudiciais, feitos de matéria-prima cultivada sem agrotóxicos) e em fábricas com condições favoráveis aos trabalhadores.

Se você deseja ser um consumidor com consciência ecológica, invista em sacolas de tecido, que podem ser reutilizadas, para carregar seus tesouros para casa.

Quando demais não é o bastante

Não é segredo que o passatempo preferido dos norte-americanos é fazer compras. Isso não é problema, desde que você tenha condições financeiras para tanto. Porém, demasiadas sessões desse tipo de terapia podem provocar um rombo em suas finanças — e em sua vida pessoal. Um guarda-roupa transbordando com os últimos lançamentos de sapatos Jimmy Choo e vestidos Chloé não lhe trará muito conforto se a sua eletricidade for desligada por falta de pagamento, ou se os seus bens estiverem sendo penhorados por seus credores.

De acordo com algumas estimativas, mais de 10 milhões (algumas afirmam que sejam 60 milhões!) de norte-americanos são compradores e consumidores compulsivos. Os especialistas garantem que um dos motivos que nos levam a comprar tantas coisas de que não precisamos é a disponibilidade de crédito fácil. As dívidas com cartão de crédito aumentaram de 238 bilhões de dólares em 1989 para 800 bilhões de dólares em 2005, de acordo com a Demos, uma organização de pesquisa e direito do consumidor. Calcula-se que uma família média americana hoje esteja devendo cerca de 9 mil dólares em cartões de crédito.

Se você está atolado em dívidas e/ou gastando mais do que pode, procure ajuda dos Devedores Anônimos.* Baseado no modelo dos Alcoólicos Anônimos, este é um programa de doze passos desenvolvido para pessoas com qualquer tipo de problema com dinheiro — tanto dívidas de cartão de crédito, gastar demais, comprar demais, como dificuldades de lidar com as próprias finanças. Mediante o apoio de outros participantes do programa, você aprenderá como administrar seu dinheiro e saldar suas dívidas.

Atitude consciente com suas roupas

Quer simplificar seu armário, praticar uma boa ação e ajudar o planeta a não encher ainda mais os depósitos de lixo (para onde, aliás, acaba indo a maioria das roupas usadas)? Muitas organizações e associações de caridade aceitarão de bom grado as doações de peças usadas, e você ainda poderá receber um desconto no imposto de renda por sua generosidade.

---

* O grupo foi criado nos Estados Unidos em 1967 e existe no Brasil desde abril de 1997 como base da proposta dos Devedores Anônimos norte-americano e europeu. O grupo presta serviços em São Paulo, no Paraná e no Rio de Janeiro, e deve chegar a Minas Gerais e Bahia em 2009. Os encontros são semanais e duram, em média, 2 horas. (Fonte: http://www.serasa.com.br/guia/conteudo.htm.) (N. do E.)

Um teto sobre a cabeça: abrigo e segurança

Simplicidade é a sofisticação definitiva.
— LEONARDO DA VINCI

Um amigo que escreve sobre design recentemente me descreveu uma casa que havia visitado. Construída para um casal com duas crianças, ela tinha 2.500m², e o preço estimado em 40 milhões de dólares. Dentre os seus trinta e tantos cômodos estavam incluídas a biblioteca, uma sala para embrulhar presentes, uma sala para o preparo de arranjos de flores, um cômodo para os vasos, uma sala para degustação de vinhos (ao lado da adega, é claro), um cinema com um balcão de doces, uma sala de massagens (ao lado da sauna e do salão com aparelhos de ginástica) e incontáveis e cavernosos closets (num deles, guardavam-se apenas os cintos!).

Nos últimos anos muito se tem escrito sobre como viver com simplicidade. No entanto, parece que nossas casas ficam cada vez maiores. De acordo com a National Association of Homebuilders, o tamanho de uma residência média nos Estados Unidos, em 2004, era de 220m² — um grande salto, se considerarmos que em 1950 era de 87m².

De que precisamos, de fato, em um espaço para morar? Quando reduzimos ao mínimo, constatamos que os cômodos essenciais em uma casa são aqueles que envolvem nossas necessidades básicas — comer, banhar-nos/higienizar-nos e dormir. Ou seja, os cômodos essenciais são:

- A cozinha
- O banheiro
- O quarto

Outra necessidade básica: segurança

Os cômodos essenciais — principalmente a cozinha e o banheiro — estão entre os de maior tráfego na residência. O quarto talvez não tenha tanta atividade durante o dia, mas, segundo alguns especialistas em sono, a cama é o móvel mais utilizado na casa (não esqueça que você passa um terço da vida dormindo).

Por utilizarmos os cômodos essenciais com frequência, eles não apenas devem ser esteticamente agradáveis e funcionais como também seguros. Depois do automóvel, a casa é o local mais comum para a ocorrência de mortes não intencionais e relacionadas a ferimentos; a cozinha e o banheiro estão entre os cômodos mais perigosos da residência. Cerca de 21 milhões de consultas médicas por ano podem ser atribuídas a acidentes domésticos nos Estados Unidos, de acordo com o Home Safety Council, uma organização sem fins lucrativos dedicada a prevenir acidentes domésticos.

Por esse motivo, os indispensáveis para cozinha, banheiro e quarto de dormir são uma combinação de itens funcionais e de segurança.

O essencial para a cozinha: o que dizem os especialistas

Nenhum outro cômodo evoca tantos sentimentos relacionados ao lar quanto a cozinha. Os aromas de alimentos sendo preparados, como bolos e pães, podem despertar nossas lembranças mais profundas, associadas a conforto e aconchego. A comida — a substância da vida — é sinônimo de amor.

Por esse e outros motivos, a cozinha — o local onde preparamos o alimento — é o cômodo dominante em uma residência. E tornou-se ainda mais importante nos últimos quinze ou vinte anos, com a explosão do interesse por todas as coisas relacionadas à culinária.

"Na minha opinião, o que aconteceu foi que a cozinha se transformou na nova sala de estar", diz o célebre chef Marcus Samuelsson, autor de *The Soul of a New Cuisine*, apresentador do programa *Inner Chef* do canal Discovery Home e chef e coproprietário do restaurante Aquavit em Nova York.

É verdade. Nossas cozinhas se tornaram locais de exibição — não se limitam a ser cômodos funcionais para cozinhar, são também cenários sociais para jantares e entretenimento. Como resultado, gastamos muito dinheiro reformulando-as — 127,1 bilhões de dólares em 2006, de acordo com a National Kitchen and Bath Association.

A cozinha ficou tão importante que muitas pessoas nem usam mais suas salas de estar, diz a especialista em estilo de vida Susie Coelho, apresentadora do programa *Outer Spaces* no HGTV, designer de produtos e autora de *Secrets of a Style Diva: A Get Inspired Guide to Your Creative Side* e *Style Your Dream Wedding*. "As cozinhas não são mais cozinhas — elas se tornaram um lugar de reunião da família e dos amigos", afirma Susie. "Conheço muitas pessoas que não fazem mais as refeições em suas salas de jantar formais. Na verdade, elas converteram as salas de jantar em espaços mais práticos — escritórios, salas de TV, estúdios ou sala de ginástica. Eu transformei a minha em uma saleta íntima."

Nossos estilos de entretenimento ficaram muito mais descontraídos, Susie observa. "A cozinha é, sem dúvida, o lugar mais divertido para se ficar enquanto o anfitrião prepara a comida. Para mim, esse é o melhor tipo de jantar. É muito mais socializante todos ficarem reunidos na cozinha, conversando e ajudando — enquanto alguém prepara o molho da salada, outro serve o vinho. É muito melhor do que ficar sentado numa sala toda enfeitada, bebendo coquetéis, enquanto o anfitrião se arranja sozinho na cozinha. É assim que as pessoas vivem agora."

Para equipar o cenário das nossas cozinhas, gastamos bastante dinheiro com utensílios — 2,2 bilhões de dólares em 2006, segundo relatos da Cookware Manufacturers Association. Mas será que precisamos mesmo encher a cozinha com uma grande quantidade de equipamentos de última geração? E se não precisamos, quais são os itens essenciais necessários para se cozinhar bem?

Para saber as respostas, entrevistei cinco chefs famosos: Marcus Samuelsson; Ina Garten, apresentadora do *Barefoot Contessa* no canal Food Network e autora de *The Barefoot Contessa Cookbook* e *Barefoot Contessa at Home*; Sara Moulton, apresentadora do programa *Sara's Secrets* no canal

Food Network, chefe executiva da revista *Gourmet*, editora de culinária do programa *Good Morning America* e autora de *Sara's Secrets for Weeknight Meals* e *Sara Moulton Cooks at Home*; Ming Tsai, apresentador do *Simply Ming* do PBS, autor de *Simply Ming, Blue Ginger* e *Ming's Master Recipes*, e proprietário dos restaurantes Blue Ginger e East/West Bistro em Wellesley, Massachusetts; Rick Bayless, apresentador do *Mexico: One Plate at a Time*, do PBS, autor de *Mexican Everyday* e *Rick and Lanie's Excellent Kitchen Adventures*, e proprietário do restaurante Frontera Grill, em Chicago.

De acordo com estes conceituadíssimos chefs dos Estados Unidos, os instrumentos essenciais para a boa cozinha são:

- 3 facas: uma faca de chef de 25 ou 30cm, uma de trinchar e uma serrilhada (todas feitas de material de boa qualidade)
- Uma variedade de colheres de madeira, uma concha e uma escumadeira
- Espátula de borracha à prova de calor
- Batedores (do médio ao grande)
- Pinças (longas e curtas)
- Frigideira ou panela para grelhar: 25 ou 30cm (material pesado de boa qualidade)
- Panelas com tampas, todas de material pesado de boa qualidade: pequena (300ml), média (600ml) e grande (entre 2 e 3 litros — pode ser usada para massas e carnes)
- Assadeiras com bordas altas (de 30 a 40cm)
- Conjunto de vasilhas de aço inox
- Tábuas de cortar: de madeira ou bambu
- Conjunto de colheres medidoras
- 2 copos medidores, um pequeno e um grande
- Peneira e espremedor de tamanho médio
- Descascador de batatas e legumes

- Ralador de queijo
- Termômetro
- Abridor de latas
- Faca
- Para bolos e pães: duas assadeiras de torta/bolos, uma assadeira para bolinhos, uma assadeira alta para pães e um rolo de abrir massa
- Processador de alimentos (de boa qualidade)
- Mixer manual (uma batedeira com suporte é excelente, mas não absolutamente necessária)
- Liquidificador (opcional)

Dicas gerais de chefs renomados

Antes de comprar qualquer coisa, a sugestão dos chefs é que primeiro você avalie a frequência com que cozinha, para quantas pessoas e que tipo de comida faz. Por exemplo, se você nunca prepara bolos em casa, não gaste dinheiro com utensílios que não irá usar. Eis algumas dicas dos profissionais:

Facas, panelas e frigideiras

Não é necessário gastar uma fortuna em equipamentos de cozinha, dizem os chefs profissionais. Porém, existem duas categorias em que a qualidade é o que mais conta; depois vem o restante. "Tenha sempre duas ou três facas realmente boas, e duas ou três panelas de ótima qualidade", diz Marcus Samuelsson.

Os demais utensílios não têm de ser top de linha (uma dica: para conseguir bons preços e uma variedade de escolhas, procure lojas de equipamentos para restaurantes — é ali que os profissionais compram).

"Gaste o máximo que puder com suas facas, panelas e frigideiras", aconselha Sara Moulton. "Por quê? Porque assim você as terá pelo resto da vida. Não é preciso gastar muito dinheiro com as outras coisas. A diferença entre uma panela de boa qualidade e uma muito fina e barata é imensa em termos de resultado final. A diferença entre colheres ou vasilhas mais baratas e mais caras, no entanto, é pífia."

"Algumas das minhas facas estão comigo desde que comecei a cozinhar, há cerca de trinta anos", afirma Ina Garten.

As facas devem ser de material resistente e de boa qualidade, que irão manter-se afiadas por muito tempo. Ming Tsai usa as facas de cerâmica da marca Kyocera. "Gosto delas porque as lâminas ficam afiadas por mais tempo que as outras e também são bastante leves, o que tende a causar menos cansaço."

Uma faca afiada é fundamental. "A coisa mais perigosa em sua cozinha é uma faca sem corte, e não a afiada", ensina Tsai. "Se está cortando um tomate ou uma laranja, por exemplo, a faca sem corte vai escorregar, e é aí que você pode se ferir."

Ele também usa o cutelo chinês como uma faca tipo multiuso. "Adoro um bom e antiquado cutelo chinês. É a melhor coisa não apenas para picar, mas é também fantástico para recolher os alimentos picados na tábua e colocá-los na panela, pois tem uma boa área de superfície. E é ótimo para cortar ossos. Trata-se da faca mais durável que existe."

As panelas e frigideiras devem ter peso, ser robustas e fáceis de manipular, feitas de metais de boa qualidade, que distribuam o calor igualmente. "As panelas e frigideiras têm de ter no mínimo três camadas; de preferência, quatro", diz Tsai. (As camadas referem-se às camadas de metal.)

"Sou adepto das panelas de ferro, em especial as frigideiras", afirma Moulton. "Contanto que sejam bem-cuidadas, quanto mais você as usar, mais elas se tornarão não aderentes. O interessante no ferro fundido é que ele demora mais para aquecer, mas uma vez que atinge o calor necessário, este se mantém maravilhosamente."

Quando você for comprar facas ou outros utensílios de cozinha, evite os conjuntos já prontos. "Jamais compro conjuntos de panelas, porque estes sempre incluem peças que você nunca vai usar", explica Garten. "Meu conselho é: compre uma panela que seja realmente de boa qualidade, em vez de um conjunto inteiro de panelas de qualidade mediana. E então todos os anos, seja no Natal ou em seu aniversário, acrescente mais uma peça à sua coleção."

"Eu não compro conjuntos completos de panelas ou frigideiras", garante Samuelsson. "Prefiro peças que se adaptam à maneira como cozinho."

Quando comprar frigideiras, dê preferência às de tamanho maior, em vez das menores. "A frigideira de 30 cm é a que mais uso", diz Rick Bayless. "Muitas pessoas usam as de 25 cm, mas eu acho que elas deixam a comida 'espremida', e não consigo obter o tipo de selagem de que gosto."

Quem cozinha quase sempre comete o erro de encher demais a panela. "Ao cozinhar, o erro mais comum que se pode cometer é colocar coisas demais na panela ou *wok*", comenta Tsai. "Se você fizer isso, não conseguirá manter o calor e não obterá o efeito desejado na selagem, caramelização ou fritura. Por isso sempre recomendo, mesmo em minhas receitas, que seja colocada na panela metade da quantidade dos ingredientes." (Observação: um *wok* é essencial para o estilo de cozinha oriental, garante Tsai.)

Assadeiras e panelas para ir ao forno

As assadeiras são extremamente versáteis. "Tenho cerca de meia dúzia de assadeiras, e creio que são o melhor investimento em equipamento de cozinha que já fiz", é a afirmação de Garten. "Duvido que eu tenha pagado mais de 10 ou 15 dólares por elas, e as utilizo para tudo — fazer carnes assadas, bolos e biscoitos."

Se você costuma preparar muitos assados, Moulton e Tsai recomendam que invista em uma boa panela que vá ao forno. "Uma panela alta e pesada com grade em V é excelente", é a dica de Moulton.

"Minha peça preferida na cozinha é aquela que vai ao forno — você pode juntar legumes e frango dentro dela e depois de mais ou menos uma hora o seu jantar está pronto", diz Tsai.

Vasilhas de aço inox

Para os chefs, as vasilhas de aço inox, que não são muito caras, são também itens indispensáveis na cozinha, pois se prestam a muitas funções. "Adoro as tigelas fundas de aço inox porque são extremamente duráveis", comenta Bayless. "E não temos de nos preocupar com o risco de quebrá-las. Podemos colocá-las em banho-maria se precisarmos aquecer algo."

Termômetros e fogões

Um problema comum na cozinha é como regular o calor do fogo.

"Algo que acho essencial é um termômetro de fogão, pois o que o termostato indica nem sempre tem relação com a temperatura do forno", Garten alerta.

É claro que um fogão de boa qualidade pode fazer uma grande diferença. Na opinião de Samuelsson: "Um excelente fogão é o coração e a alma de toda cozinha. E, independentemente da marca, o que você deve saber sobre um fogão é: como ele transfere o calor? Como o forno extrai o calor? Em quanto tempo ele atinge 220°C? Quando está com 220°C a temperatura cai para 180°C quando você abre o forno, ou perde somente 5°C?"

Eletrodomésticos

Muitos chefs concordam que atualmente um bom processador é essencial, contudo o liquidificador fica na categoria de opcional, pois depende do que você cozinha. "Lógico que há coisas que os dois aparelhos fazem da mesma maneira, mas quando se trata de obter um purê realmente cremoso ou uma sopa cremosa, você não vai obter essa textura com o processador", diz Moulton. "Para isso, terá de usar o liquidificador."

Garten, quando faz sopas e molhos, prefere usar o antiquado pilão. "Os processadores deixam os alimentos ralos demais para o meu gosto. Gosto das sopas com bastante textura; por isso, se estou preparando um creme de abóbora ou uma sopa de maçã, por exemplo, passo pelo pilão. A sopa fica mais encorpada."

O essencial em segurança na cozinha: o que dizem os especialistas

A cozinha evoca sensações de calor e aconchego, mas também é o lugar onde acontecem muitos acidentes. Os especialistas em segurança dizem que a cozinha é um dos cômodos mais perigosos na casa (o banheiro e a garagem também se encontram nessa lista). De acordo com Meri-K Appy, presidente do Home Safety Council (www.homesafetycouncil.org), uma organização sem fins lucrativos dedicada a prevenir acidentes domésticos, a maioria dos incêndios residenciais se inicia na cozinha — incêndios e queimaduras são a terceira principal causa de ferimentos domésticos. Outros riscos em potencial na cozinha: quedas (a causa número 1 de mortes por ferimentos), envenenamento por produtos domésticos tóxicos ou por medicamentos (especialmente preocupante se você tem crianças) e ferimentos provocados por objetos cortantes. Os itens essenciais para tornar sua cozinha segura são:

- Luvas protetoras refratárias
- Um exaustor e boa ventilação
- Eletrodomésticos aprovados pelos órgãos competentes e tomadas localizadas em pontos distantes das torneiras
- Iluminação adequada (sobretudo perto das áreas de preparação de alimentos)
- Piso antiderrapante (tapetes e capachos não derrapantes, sem beiradas que dobram), e uma banqueta firme, com protetores não derrapantes
- Aparelhos antiqueimaduras nas torneiras elétricas da pia
- Travas de segurança para crianças em todos os armários que contenham produtos de limpeza (prefira os produtos não tóxicos sempre que possível)
- Telefones de emergência acessíveis e sempre à vista

Dicas gerais de segurança dos especialistas

Luvas de proteção refratárias

Cozinhar é a principal causa de incêndios na cozinha, e queimaduras são a terceira causa mais comum de ferimentos não intencionais relacionados a mortes por acidentes domésticos. Meri-K Appy diz que você deve ter uma proteção adequada para as mãos e os braços, sobretudo quando estiver usando substâncias como óleo quente, que pode ser extremamente perigoso. "Se estiver fritando um alimento, proteja a pele exposta com uma luva refratária, do tipo que cobre todo o braço", ela aconselha.

Um exaustor e boa ventilação

A preparação de alimentos gera odores, vapor e fumaça que podem contribuir para a poluição do interior da casa. A ventilação é particularmente importante se você utiliza um fogão a gás, pois um vazamento ou mal funcionamento pode causar o acúmulo de monóxido de carbono (CO), um gás sem cor e sem cheiro capaz de deixá-lo doente; ou pior: pode até matar. (Outras fontes comuns de CO em uma casa são as fornalhas, os aquecedores, os fogões a lenha e as lareiras.)

Eletrodomésticos aprovados pelos órgãos competentes e tomadas elétricas com GFCI

As tomadas devem estar localizadas longe das fontes de água. O GFCI (sigla em inglês para interruptor com circuito de falha de aterramento) é um aparelho que, instalado na tomada, fornece proteção contra choques e incêndios. "O GFCI deveria ser instalado em todos os lugares onde há água e eletricidade", diz Appy. "Ele previne graves choques se a eletricidade entrar em contato com a água." Além disso, retire da tomada todos os aparelhos que não estejam em uso e recolha os fios de forma que as crianças não possam puxá-los.

Iluminação adequada

Isso é importante, ainda mais perto das áreas de preparação de alimentos. Os cortes (provocados pelo uso de objetos afiados como as facas) e as quedas (provocadas por superfícies escorregadias) são perigos comuns na cozinha. Certifique-se de que sua cozinha possua iluminação adequada.

Piso antiderrapante e uma banqueta reforçada com protetores antiderrapantes

Os tapetes e tapetinhos devem ser antiderrapantes, sem bordas viradas. As quedas são a causa número 1 de ferimentos não intencionais e mortes em residências. Para evitá-las, mantenha o piso da cozinha livre de líquidos ou alimentos que caíram, certifique-se de que os tapetes ou tapetinhos tenham proteção antiderrapante e use uma banqueta reforçada para alcançar os armários mais altos. "Se você está reformando ou construindo uma casa, coloque piso antiderrapante na cozinha", recomenda Appy.

Aparelhos antiqueimadura nas torneiras elétricas da pia

De acordo com a Consumer Product Safety Comission, queimaduras provocadas pela água extremamente quente das torneiras são a causa de cerca de 3.800 ferimentos a cada ano nos Estados Unidos. "Acredito que a queimadura por água quente não seja reconhecida como um perigo", diz Appy. "A água quente pode ser fatal, e é comum as pessoas não saberem qual é a temperatura daquela que sai da torneira." A recomendação de temperatura segura da água quente das torneiras é de 36°C. (Você pode consultar um encanador sobre a instalação do aparelho.)

Travas de segurança para crianças em todos os armários contendo produtos de limpeza

Opte por produtos não tóxicos sempre que possível. "Leia os rótulos de todos os produtos de limpeza doméstica", é o conselho de Appy. "Se você encontrar as palavras 'Cuidado', 'Aviso', 'Perigo' ou 'Veneno', guarde o produto longe do alcance das crianças e dos animais, em um armário com trava de segurança apropriado." Ou utilize na limpeza produtos domésticos comuns como vinagre, bicarbonato de sódio, suco de limão, sal, sabão de azeite de oliva e de bicarbonato. (E se você costuma guardar medicamentos na cozinha, mantenha-os longe do alcance das crianças e dos animais de estimação.)

Telefones de emergência em locais acessíveis

Em caso de emergência, é necessário pensar rápido. Desse modo, mantenha uma lista de números de contatos de emergência perto do telefone e certifique-se de que todos na família (em especial as crianças) saibam onde ela está. Números que se devem ter à mão: bombeiros, polícia, serviços de emergência médica, centros locais de controle de envenenamento, médico da família, o do seu local de trabalho e do seu cônjuge, telefones celulares, e os números dos parentes, amigos e vizinhos.

Uma palavra sobre extintores de incêndio

O extintor pode ser um instrumento de controle adequado a muitos incêndios domésticos, mas talvez não seja a melhor escolha para a cozinha, ainda mais se o fogo foi causado por óleo ou gordura. "Os extintores de espuma química não devem ser usados em panelas que estejam pegando fogo", informa Appy. "Em vez disso, coloque uma tampa ou uma assadeira em cima da panela." Isso irá remover o oxigênio e extinguir as chamas. No entanto, deve ser feito rápido, pois o fogo provocado por gordura se espalha bem depressa.

Ainda assim, é aconselhável manter um extintor de fácil operação em sua casa; todavia, certifique-se de aprender como usá-lo. O problema é que você precisará raciocinar rápido no caso de um incêndio. "O momento de começar a ler as instruções não é quando o fogo começa", diz Appy. Além disso, os componentes químicos do extintor são liberados com muita força, o que pode causar problemas se a pessoa que o manipula não estiver preparada. "O agente extintor é liberado numa pressão muito alta", ela alerta, "e a força desse agente pode derrubar a panela e espalhar as chamas, piorando ainda mais a situação".

Não apenas o extintor deve ser de fácil manuseio, Appy salienta, mas também precisa ter o maior tamanho que você conseguir manejar. "Com extintores pequenos a espuma acaba em segundos, e se você não acertar logo na primeira vez pode piorar a situação, além de ter desperdiçado a oportunidade de obter segurança." Talvez você prefira ter em casa um extintor em spray. É fácil de usar e pode ser guardado em um armário.

O essencial para o banheiro: o que dizem os especialistas

Em algumas culturas antigas, o banho e a higiene eram rituais elaborados e prazerosos. Por exemplo, para o romano médio, um banho nas termas locais era uma atividade de lazer que ocupava toda uma tarde. Não apenas envolvia banhar-se em águas quentes e frias, mas também ser untado com óleos e perfumes, depilar o corpo, além de sauna, massagem, exercícios, beber vinho, comer, socializar e ser entretido por lutadores ou músicos.

Hoje em dia, a maioria de nós não tem tanto tempo quanto os romanos tinham para deleitar-se com os banhos. Mas justamente porque todos vivemos de maneira tão frenética, o banheiro deveria ser um lugar onde pudéssemos relaxar e nos cuidar. "Para mim, o banheiro é um santuário", afirma Susie Coelho, especialista em estilo de vida e apresentadora da HGTV. "Ele deve parecer uma sala, e não um banheiro, por isso tento deixá-lo aconchegante, alegre e aquecido, acrescentando tapetes, móveis de madeira e muitos acessórios decorativos. E se você tem crianças, o banheiro passa a ser também um local de reunião, onde vocês podem ficar juntos durante o banho de banheira, ou lavando os cabelos. Portanto, crie lugares práticos para as pessoas se sentarem. Acima de tudo, seu banheiro deve dar a sensação de conforto."

Como a cozinha, o banheiro transformou-se em um cenário. Em 2007, os norte-americanos gastaram 70,2 bilhões de dólares reformando seus banheiros, segundo relata a National Kitchen and Bath Association.

Por passarmos tanto tempo no banheiro, ele não deve ser apenas um local atraente e confortável, mas também funcional e seguro. Os essenciais para o banheiro são:

- Toalhas de boa qualidade
- Um armário de medicamentos com um bom estoque
- Travas de segurança para crianças em todos os armários contendo medicamentos, produtos de higiene e produtos de limpeza
- Piso antiderrapante (tapetes e tapetinhos devem ser antiderrapantes, sem pontas dobradas)
- Faixas antiderrapantes (ou tapete) na banheira ou no boxe do chuveiro
- Barras de segurança na banheira ou no boxe do chuveiro
- Iluminação adequada e uma lâmpada noturna
- Aparelhos antiqueimaduras nas torneiras da banheira e do chuveiro
- Aparelhos elétricos aprovados pelos órgãos competentes e GFCI instalados em tomadas e interruptores (que devem ser localizados longe das fontes de água)
- Um exaustor e boa ventilação

Dicas gerais dos especialistas para o banheiro

Toalhas de boa qualidade

Quando se trata de comprar toalhas, a aparência conta. "Descobrimos em nossa pesquisa que as marcas não são importantes", diz Linda DeFranco, diretora associada do departamento de análise de tendência de produtos na Cotton Incorporated, um grupo de comércio da indústria de algodão. "Se a aparência e a suavidade estão presentes, ótimo: é o que os consumidores realmente querem." Absorção e durabilidade também contam. Como saber se uma toalha de banho tem essas qualidades? Ajuda um pouco se você souber o que procura. Eis algumas sugestões:

Tipos de toalhas. A maioria das toalhas nos Estados Unidos e no Brasil é feita de algodão. "O algodão absorve a umidade e a libera rapidamente, portanto seca mais rápido", informa DeFranco. Evite as misturas de algodão e poliéster. "É melhor evitar as misturas, porque a água apenas 'descansa' no topo da fibra — não é absorvida." Os tipos mais comuns de toalhas são as felpudas, que apresentam laços não cortados dos fios na superfície do tecido, e as aveludadas, que apresentam laços mais curtos e cortados na superfície do tecido, dando a ele uma textura macia e aveludada (estas costumam ser menos absorventes do que as felpudas).

Está no laço. Ao contrário dos lençóis, as toalhas não têm contagem de fios. Para toalhas com boa absorção, procure as que têm os laços mais espessos e unidos. Em geral, quanto mais espessos os laços na superfície do tecido, maior a absorção, segundo DeFranco.

Tipos de algodão. Nem todo algodão é igual. O algodão é categorizado de acordo com a fibra (comprimento). Em geral, quanto mais longa a fibra, melhor (e mais caro) é o fio. O algodão de alta categoria usado em toalhas inclui o algodão egípcio, cultivado às margens do rio Nilo e conhecido pela maciez e durabilidade, e o algodão pima (Supima é a marca comercial do algodão pima), que é cultivado no sudoeste dos Estados Unidos e tem propriedades similares ao do algodão egípcio.

Cuidados na lavagem. Com os cuidados adequados, as toalhas podem durar mais de dez anos. "As toalhas de banho podem durar muito tempo, mas tenha cuidado ao lavá-las", aconselha DeFranco. Não use temperaturas altíssimas, opte por um detergente suave (meia medida da quantidade recomendada pelo fabricante, para garantir a maciez) e, acima de tudo, evite alvejantes e amaciantes, ela alerta. "Muitos acham que precisam ferver as toalhas de banho e os lençóis — isso não é necessário. Temperaturas muito elevadas tornam os tecidos menos duráveis. Alvejantes e amaciantes são na verdade o pior que se pode usar nas toalhas e nos lençóis, pois corroem as fibras e as enfraquecem." Deixe as toalhas secarem antes de guardá-las (caso contrário, elas podem mofar).

Um armário de medicamentos com um bom estoque

O armário de remédios é um acessório estabelecido em muitos banheiros, mas é também um erro, segundo os especialistas. Não é boa ideia guardar remédios no banheiro, pois o calor e a umidade constantes podem afetar a potência e causar deterioração. Os medicamentos devem ser mantidos num local fresco e seco, como um closet, por exemplo (longe do alcance das crianças, é claro). No entanto, você pode guardar uma variedade de itens básicos em seu armário de remédios.

Travas de segurança para crianças em todos os armários com medicamentos e produtos de higiene pessoal e limpeza

Prefira as variedades não tóxicas de produtos de limpeza sempre que for possível, e os mantenha fora do alcance das crianças. Até mesmo um produto aparentemente inofensivo pode ter um potencial de perigo se você desconhecer sua composição. "Os consumidores têm de adquirir o hábito de ler os rótulos antes de levar os produtos para casa", diz Meri-K Appy, presidente do Home Safety Council. "As palavras 'Cuidado', 'Aviso', 'Perigo' e 'Veneno' são sinais para que você junte esses produtos e os guarde num local trancado, usando a trava de segurança para crianças. Os rótulos de segurança estão ali porque alguma outra família pode ter pagado um preço terrível pelo desconhecimento."

Piso antiderrapante (tapetes ou tapetinhos antiderrapantes e sem bordas dobradas), proteção antiderrapante na banheira ou no boxe do chuveiro, barras de segurança na banheira ou no boxe do chuveiro, iluminação adequada e uma lâmpada noturna

Todas estas são medidas preventivas contra quedas que, de acordo com o Home Safety Council, são a causa número 1 de acidentes e mortes em casa, chegando a cerca de 5,1 milhões de ferimentos e quase 6 mil mortes por ano nos Estados Unidos. O banheiro é um local particularmente propício a acidentes em razão de suas fontes de água e superfícies escorregadias como pisos e azulejos. "Certifique-se de que não haja água empoçada no piso."

Dispositivos antiqueimaduras na banheira e no chuveiro

"A água quente pode ser fatal, e é comum as pessoas não saberem qual é a temperatura da água quente em suas torneiras", diz Appy. "A temperatura segura recomendada para seu aquecedor de água é de 38°C, e a temperatura segura para o banho é de 36°C." Um dispositivo antiqueimadura instalado nas torneiras irá limitar o fluxo da água se a temperatura exceder os 38°C. Talvez você queira consultar um encanador sobre a instalação deste aparelho. Ou pode substituir as torneiras do seu banheiro por outras que já venham com o dispositivo embutido e são de fácil instalação.

Aparelhos elétricos aprovados pelos órgãos competentes e tomadas e interruptores com GFCI

Todos os aparelhos elétricos devem ficar bem distantes das fontes de água. Para certificar-se de que seus eletrodomésticos são seguros, compre apenas aqueles aprovados pelos órgãos competentes. Seja cautelosíssimo com o uso de aparelhos como secadores de cabelo, chapinhas, barbeadores elétricos e outros no banheiro. Mantenha-os longe das torneiras. Para evitar choques elétricos, providencie a instalação de interruptores e tomadas com GFCI, que previne o choque se a eletricidade entrar em contato com a água e desliga a corrente elétrica automaticamente.

Um exaustor e boa ventilação

Sem ventilação adequada, o ambiente úmido do banheiro se transforma num criadouro perfeito para o mofo e as bactérias. Além disso, a umidade do banheiro pode aumentar os níveis de umidade de toda a sua casa, danificando paredes, pinturas, papéis de parede e o material de construção.

O essencial para o quarto: o que dizem os especialistas

Você sabia que passamos cerca de 222 mil horas (mais ou menos 25,5 anos) da nossa vida dormindo? De acordo com os especialistas em sono, a cama é o móvel mais utilizado em uma residência. Todos nós enfrentamos estresse e precisamos de um ambiente pacífico para relaxar. Por isso é fundamental criar um oásis de tranquilidade em nosso quarto.

E como fazer isso? "Prefiro que o quarto tenha cores neutras", opina a especialista em estilo de vida Susie Coelho. "O meu é em tons de branco, creme e bege-escuro, pois quero ter a sensação de serenidade. Entretanto tudo depende do que você deseja. Se quiser que o cômodo pareça mais um *boudoir*, então talvez deva usar vermelhos profundos e tecidos de veludo."

Além de um lugar bonito e confortável, seu quarto deve ser seguro. Os essenciais para o dormitório são:

- Um colchão de boa qualidade (e também a cama ou o suporte de colchão)
- Um travesseiro de boa qualidade (se você usar travesseiro)
- Lençóis de boa qualidade
- Um detector de fumaça (no quarto ou em um corredor próximo)
- Um detector de monóxido de carbono (dentro ou perto do dormitório)
- Luzes noturnas (localizadas nos locais de passagem)
- Uma lanterna (em sua mesa de cabeceira)
- Telefone perto da cama com os números de emergência acessíveis

Dicas gerais dos especialistas para o quarto

Um colchão e uma cama (ou um suporte de colchão) de boa qualidade

O ponto central de qualquer quarto é, óbvio, a cama — a peça de mobília mais utilizada da casa. Visto que passamos tanto tempo nela, o colchão deve ser da melhor qualidade possível. Atualmente existe uma enorme variedade de opções. Como saber qual é o melhor colchão para você?

"Os colchões são importantes, mas na verdade pouca pesquisa tem sido feita sobre eles", diz o doutor Scott D. Boden, cirurgião ortopedista, diretor do Centro de Coluna da Universidade Emory em Atlanta e porta-voz da Academia Americana de Cirurgiões Ortopedistas. "Existe muito folclore e muitas suposições."

Um mito: quanto mais duro o colchão, melhor.

"A maior parte dos estudos realizados demonstram que não há melhor firmeza para todos", afirma o doutor Boden. "Os de firmeza média costumam ser os preferidos da maioria das pessoas, porém algumas dormem melhor em colchões mais macios ou em colchões um pouco mais duros."

Ao comprar seu colchão, tenha em mente a palavra-chave: conforto.

"Sem sombra de dúvida, trata-se de preferência pessoal — o que quer que atenda às necessidades do indivíduo em termos de nível de conforto", explica o doutor Clete A. Kushida, diretor do Centro de Pesquisa do Sono Humano da Universidade de Stanford e integrante da diretoria da Academia Americana de Medicina do Sono. O doutor Kushida salienta a importância de você se deitar no colchão quando estiver na loja para determinar o nível de conforto. "Hoje em dia há uma ampla variedade de colchões, portanto pesquise cuidadosamente e teste pelo máximo de tempo possível. Quanto mais experimentar, mais preparado você estará para saber como irá dormir."

Além do conforto, o que mais devemos buscar? "O colchão deve fornecer apoio, porém não a ponto de colocar o corpo fora de alinhamento, pois isso irá causar a retração dos tecidos", informa o doutor Kushida. Por exemplo, ele diz, "os especialistas em coluna costumam recomendar que uma das melhores posturas para dormir é de lado, com os quadris e joelhos levemente flexionados. Mas se você dorme de lado e seu colchão é muito firme, será desconfortável porque haverá pressão nos ombros e nos quadris".

Por outro lado, na opinião do doutor Boden, o colchão macio demais pode contribuir para problemas na coluna. "Se o seu colchão não tem um bom sistema de apoio, as costas ficarão meio que achatadas. Como o arco do pé, as costas são arqueadas em certos lugares; assim, ao dormir, procuramos descansar nessa posição natural [de lado]. Um colchão macio demais pode deixar sua coluna em uma posição não muito ideal para o repouso, e isso sobrecarrega determinadas juntas ou tensiona determinados músculos ou tendões, o que acaba forçando as costas."

Um bom colchão passa a ser ainda mais importante conforme envelhecemos. "Ele se torna mais importante à medida que a idade avança, porque o idoso sofre mais síndromes de dores crônicas, como dor nas costas, na nuca, insônia crônica e distúrbios do sono", diz o doutor Kushida. "Basicamente, se você é criança, adolescente ou jovem adulto, pode dormir em quase qualquer superfície."

Outro motivo para investir em um bom colchão é que ele irá manter o formato e durar mais tempo. Um colchão de qualidade deve durar no mínimo de cinco a sete anos (alguns especialistas dizem que até dez anos), dependendo do uso. Para mantê-lo limpo, use uma capa, que irá proteger o colchão e criar uma barreira contra os ácaros, o que é particularmente importante se você sofre de alergias. Para maior proteção, considere o uso de uma capa resistente a ácaros, além do protetor comum. Para a limpeza do colchão, utilize o aspirador de pó. Além disso, vire-o a cada poucas semanas para evitar o desgaste das molas e do tecido.

Um travesseiro de boa qualidade

Como o colchão, o travesseiro é uma questão de conforto pessoal. O mais importante é que ele forneça apoio suficiente para o alinhamento adequado de cabeça, pescoço e coluna. Se o seu travesseiro não cumpre essa função, você pode acordar com um torcicolo ou dores nas costas. A elevação necessária do travesseiro é determinada pelo seu tipo de corpo e pela posição em que você dorme. Por exemplo, muita gente dorme de lado. "A largura dos seus ombros irá determinar qual deve ser a elevação do travesseiro", explica o doutor Boden. "Se o travesseiro for muito baixo, irá flexionar seu pescoço e deixá-lo torcido para baixo; e, se for alto demais, flexionará seu pescoço e o torcerá na outra direção."

Hoje em dia muitos fabricantes oferecem travesseiros específicos para as diversas posições de dormir. Em geral, os mais firmes são recomendados para pessoas que dormem de lado; os médios para quem dorme de costas; e os macios para quem dorme de barriga para baixo (observe que dormir de bruços pode pressionar seu pescoço e suas costas). Mas não existem regras rígidas no que se refere à firmeza — procure o que lhe oferece mais conforto. Os enchimentos mais comuns de travesseiro são pluma, pena, espuma de látex, substitutos hipoalergênicos de pluma e travesseiros especiais feitos de ervas, trigo-sarraceno e algodão, lã ou seda orgânicos. Os preços variam, portanto compre o melhor que você puder pagar.

Os travesseiros devem ser substituídos a cada poucos anos, dependendo da qualidade e do tipo de material. Por exemplo, um bom travesseiro de pluma pode durar até dez anos. Como você sabe se precisa de um travesseiro novo? Se ele está achatado e não lhe fornece mais o apoio adequado, se cheira mal ou está muito manchado, está na hora de comprar um novo. Para testar a firmeza, dobre o travesseiro no meio; se ele não voltar à forma original, provavelmente está desgastado.

Mantenha-os limpos, sobretudo se você sofre de alergias. Com o tempo eles podem se transformar num paraíso para os ácaros e o mofo. Lave-os regularmente, seguindo as recomendações do fabricante. Para reduzir alergias, use capas de travesseiro antiácaros.

Lençóis de boa qualidade

Quando se trata de comprar lençóis, um pouco de conhecimento ajuda muito. Existe uma enorme variedade de opções no mercado, contudo as atrativas etiquetas com preços baixos ou de grifes famosas não significam necessariamente que a qualidade seja melhor do que as de marcas menos conhecidas. Muitos lençóis que existem no mercado são de algodão 100% ou de misturas de algodão e poliéster. Prefira os de algodão, pois são mais absorventes do que os de algodão/poliéster. Quando você for escolher lençóis, eis o que deve considerar:

Contagem de fios. "A contagem de fios é o número de fios por centímetro quadrado na largura e comprimento — a urdidura e a trama do tecido", diz Linda DeFranco, diretora associada do departamento de análise de tendência de produtos na Cotton Incorporated, um grupo comercial para a indústria do algodão. A contagem de fios na maioria dos lençóis geralmente se encontra entre 180 a 500. Mas, segundo Linda, os números nem sempre dizem tudo. "Muitos acreditam que quanto maior a contagem de fios melhor a qualidade, porém isso nem sempre é verdade. É um pouco enganador. Com a contagem de fios você precisa analisar alguns fatores diferentes, e um deles é a espessura do fio. Há o fio de espessura única, que é apenas um fio, e o de espessura dupla, que são dois fios unidos para formar apenas um."

É aí que está o truque. Os fabricantes podem anunciar uma contagem de fios mais elevada usando os fios de espessura dupla. "Tecnicamente você pode estar comprando um lençol de seiscentos fios, mas na verdade ele pode ser um lençol de trezentos fios, porque o fabricante pode ter usado fios de espessura dupla."

Portanto, se for adquirir um lençol de seiscentos fios, certifique-se de que os fios sejam de espessura única.

Não que haja algum problema com o fio de espessura dupla. DeFranco comenta que o fio de espessura dupla pode até ser mais forte do que o de espessura única, todavia também pode ser mais pesado. "Os fios de espessura dupla têm mais durabilidade e na certa vão durar mais."

Tipos de tecido (trama). Os lençóis estão disponíveis em quatro tipos de tecido. O percal é um tecido de tramas mais fechadas. "É o melhor disponível no mercado e o que apresenta a contagem de fios mais alta", é a dica de DeFranco. "É um tecido fluido, quase como a seda." A flanela tem tramas de peso médio, mais macia, com uma supefície mais alta. "É suave ao toque e aquece bastante, o que a torna perfeita para o inverno." Há também o jérsei de malha e o cetim, este com a superfície mais lisa e lustrosa, muito macio ao toque.

Qualidade e tipos de algodão. A qualidade do fio é outro fator que devemos considerar. O algodão é graduado de acordo com a fibra têxtil (comprimento). Em geral, quanto mais longa a fibra, mais fino é o fio. A seguir, relaciono os tipos mais comuns de algodão usados em lençóis. O algodão upland tem a fibra média (isso pode variar dependendo da espessura do fio). O algodão egípcio tem a fibra bastante longa. Cultivado nas margens do Nilo, é conhecido pela maciez, textura sedosa e durabilidade. "É mais caro porque as quantidades são limitadas, e é uma fibra mais fina, portanto podem-se obter mais fios por centímetro quadrado", DeFranco continua. O algodão pima tem a fibra longa. Cultivado no sudoeste dos Estados Unidos (Supima é a marca registrada do pima), é um híbrido dos tipos upland e egípcio e também muito conhecido pela maciez e durabilidade. Mas, segundo DeFranco, também obtemos essas qualidades no algodão upland. "Tudo depende realmente da espessura da fibra."

O toque é tudo. O que importa mais aos consumidores ao comprar lençóis? "Com base em nossas pesquisas, o mais importante é a maciez, a durabilidade, o preço e só então as cores", comenta DeFranco. "Eu sempre recomendo que as pessoas toquem os lençóis antes de comprá-los para saberem qual sensação eles causam ao tato." A maneira como o tecido é tratado é outro fator a ser considerado. "O acabamento do lençol pode afetar a sensação final, portanto é mesmo necessário tocá-lo para saber se tem a maciez, o brilho e a aparência que você deseja em seu quarto."

Lavagens. Os tecidos podem durar muitos anos se forem cuidados da maneira adequada. A sogra de DeFranco "tem alguns lençóis há trinta anos". Quando lavá-los, não o faça em temperaturas muito altas e *nunca* use alvejantes ou amaciantes. "Esses produtos desgastam as fibras e as deixam mais frágeis com o passar do tempo." Além disso, não use temperaturas elevadas demais na secadora.

Se você coleciona lençóis brancos antigos, segundo Susie Coelho eles necessitam de cuidados especiais, pois podem ficar amarelados. Uma maneira simples de alvejá-los é usando algum produto que não contenha alvejante. "Não use alvejante em lençóis antigos — esse produto é muito forte e vai desgastar as fibras, e o tecido pode furar." E não os coloque na secadora. "Pendure-os no varal e passe-os com o ferro não muito quente.

Quando for passá-los, coloque por cima um tecido mais leve para que o ferro não deixe marcas."

Um detector de fumaça (no quarto ou num corredor próximo)

Os detectores de fumaça podem salvar vidas. De acordo com a National Fire Protection Association, 65% das mortes por incêndio doméstico relatadas nos Estados Unidos ocorrem em residências sem alarmes ou detectores, ou com detectores que não funcionam. Outro fato: a maioria das mortes em incêndio acontece à noite. Por isso a prevenção contra incêndios é particularmente fundamental nos quartos ou em áreas próximas a eles. Instale um detector de fumaça aprovado pelos órgãos competentes no próprio cômodo ou em um corredor próximo. "O ideal é no mínimo um detector de fumaça em cada pavimento da residência e dentro ou próximo da área de dormir", recomenda Meri-K Appy. "Prefira um sistema de alarme interligado, que dispara os alarmes em todos os locais da casa, independentemente de onde esteja o incêndio." Ela explica o motivo: "Digamos que haja um fogo no andar de baixo e você tenha um alarme somente no quarto. O alarme mais próximo do fogo irá detectar a fumaça, mas talvez você esteja distante demais para ouvi-lo, ou demore para ouvir. Com detectores interligados, quando o primeiro alarme tocar, todos os demais tocarão também." Isso dará a você e sua família mais tempo para sair da casa se o incêndio tiver começado em qualquer outro cômodo. Os alarmes interligados devem ser instalados por um eletricista e necessitam ter baterias extras.

Um detector de monóxido de carbono (dentro ou perto do quarto)

O monóxido de carbono (CO) é um gás sem cor, inodoro e muito tóxico que pode ser letal — na verdade, ele é chamado de assassino silencioso. O CO é um gás produzido por qualquer aparato de queima de combustível — em geral em quantidades bem pequenas que se dissipam no ar. Mas quando o combustível não é adequadamente ventilado (se houver uma obstrução ou mal funcionamento no aparato, por exemplo), níveis perigosos de CO podem se acumular e se tornar fatais. As fontes mais comuns de CO em uma residência são aquecedores, fogões a lenha, lareiras (se a chaminé estiver bloqueada), fogões e chuveiros a gás, automóveis em ponto morto e cortadores de grama ligados em uma garagem ou área fechada. Portanto é fundamental manter todos os aparelhos em bom funcionamento e se certificar de que sua residência tem boa ventilação e muito ar fresco.

Luzes noturnas (localizadas em passagens)

Outro problema potencial nos quartos: quedas e escorregões — que são a principal causa de ferimentos e mortes acidentais em casa (sobretudo entre os idosos e as crianças). Mantenha uma luz acesa nos lugares de passagem, para o caso de você precisar se levantar durante a noite. Certifique-se também de que os tapetes e os tapetinhos estejam firmes no chão, e não os coloque nos locais de passagem, onde você pode tropeçar nas beiradas.

Uma lanterna (em sua mesa de cabeceira)

Esta é uma providência bastante simples. Mantenha sempre uma lanterna (com pilhas novas ou recarregáveis) em sua mesa de cabeceira. Nunca se sabe quando você irá precisar dela.

Telefone perto da cama com os números de emergência acessíveis

Nem é preciso comentar este item, não é mesmo?

Dicas gerais de segurança para todas as residências

- Tome cuidado ao acender velas em casa, em especial no quarto. Nunca as deixe queimando sem que haja alguém por perto. A National Fire Protection Association informa que, em 2004, cerca de 17.200 incêndios relatados em residências foram iniciados por velas acesas, e que 38% deles começaram nos dormitórios. "Recomendamos não acender velas nos quartos porque é muito fácil dormir e esquecê-las acesas", diz Meri-K Appy, presidente do Home Safety Council.
- Não fume em seu quarto (pelo mesmo motivo que não se deve usar velas — é facil demais adormecer com o cigarro aceso). Melhor ainda, não fume em nenhum lugar interno de sua casa. "Se há fumantes na residência, é melhor reservar uma área especial para eles na parte externa", sugere Appy.
- Instale em sua casa um sistema de *sprinkler* contra incêndios se você estiver pensando em reformar ou construir uma nova residência. "O sistema de *sprinkler* contra fogo lhe oferece a melhor proteção possível em caso de incêndio", diz Appy. "Se for detectado fogo, o sistema faz jorrar água automaticamente sobre as chamas. O sistema de *sprinkler* mantém o fogo pequeno, sob controle, ou o apaga por completo."
- Instale detectores e alarmes de fumaça e monóxido de carbono em todos os andares da sua residência.
- Mantenha um extintor de incêndio fácil de operar em cada pavimento e saiba como usá-lo.
- Prepare um plano de fuga para o caso de incêndio e pratique regularmente exercícios de treinamento com sua família.
- Tenha uma escada de incêndio se o seu quarto localiza-se no segundo ou terceiro andar da residência.
- Utilize aparelhos eletrodomésticos aprovados pelos órgãos competentes.
- Guarde lanternas em lugares acessíveis.
- Mande instalar um bom sistema de alarme residencial.

Básicos na preparação de alimentos

Para se proteger de doenças transmitidas por alimentos contaminados, siga estas simples precauções:

1. Lave as mãos com água e sabão antes de preparar os alimentos. Evite prepará-los para outras pessoas se estiver com alguma doença que provoque diarreia. E não troque a fralda do bebê enquanto estiver fazendo comida — isso pode contaminá-la.
2. Cozinhe muito bem carnes, aves e ovos. A carne moída deve ser cozida a uma temperatura interna de 70°C (use um termômetro específico para isto). Os ovos devem cozinhar até que a gema esteja firme.
3. Não contamine um tipo de alimento com outros. Lave as mãos, os utensílios e as tábuas de cortar depois que tiverem estado em contato com carnes ou aves cruas, e antes que toquem outros alimentos. Coloque a carne cozida em um recipiente limpo — não a acondicione de volta no recipiente onde ela esteve crua.
4. Guarde as sobras de alimento no refrigerador imediatamente. As bactérias desenvolvem-se rapidamente na temperatura ambiente, por isso você deve refrigerar as sobras de comida que serão consumidas no espaço de quatro horas. Quantidades maiores irão se esfriar mais depressa se forem divididas em vários recipientes mais rasos antes de serem guardadas na geladeira.
5. Lave frutas, verduras e legumes frescos em água corrente para remover a sujeira visível. Jogue fora as folhas externas da alface e do repolho. Como as bactérias podem proliferar nas superfícies cortadas de frutas, legumes e verduras, tenha cuidado para não contaminar esses alimentos quando cortá-los em uma tábua, e evite deixá-los cortados ou descascados em temperatura ambiente por muitas horas.
6. Relate quaisquer ocorrências ou suspeita de doenças transmitidas por alimentos ao departamento de saúde pública da sua cidade.

Fonte: Adaptado de "Foodborne Illness", um documento da Division of Bacterial and Mycotic Diseases dos Centers for Disease Control and Prevention.

Mais dicas de segurança na cozinha

Quer reduzir os riscos de acidentes em sua cozinha? Meri-K Appy, do Home Safety Council, oferece as seguintes sugestões:

1. Fique sempre atento ao fogão quando estiver cozinhando. "A causa mais comum de incêndios na cozinha acontece porque quem preparava a comida se afastou do fogão e virou-se de costas para atender ao telefone, ou algo assim", ela explica. "Mantenha-se ainda mais atento quando estiver fritando alimentos em óleo quente. A palavra-chave aqui é supervisão."
2. Nunca use roupas soltas ou muito largas quando for cozinhar. "Algumas pessoas nem pensam nisso, e acabam indo para o fogão usando robes de chenile muito largos", Meri-K diz. "Lembre, você está perto de uma fonte de calor, de uma superfície quente, usando um material combustível. Certifique-se de que as mangas da sua roupa sejam ajustadas ou curtas, ou que você as tenha dobrado."
3. Para conter as chamas em uma panela, principalmente quando estiver fritando em óleo quente ou cozinhando em temperaturas elevadas, tenha sempre à mão um par de luvas refratárias ou um pegador de panelas de material refratário. "Se o alimento pegar fogo na panela, você também poderá cobri-la imediatamente com uma tampa ou com uma assadeira", Meri-K ensina. "Esse procedimento irá remover o oxigênio e apagar o fogo. Mas isso deve ser feito com rapidez, porque o óleo na panela com fogo pode criar uma labareda muito grande, e, se você tiver coisas como toalhas, cortinas ou uma janela nas proximidades, o fogo irá se espalhar bem depressa. E no instante em que isso acontecer, é possível que seja tarde demais para que você possa apagá-lo por conta própria." Além disso, mantenha o fogão e o forno limpos e livres de gordura e alimentos. O acúmulo de substâncias pode incendiar ou aumentar a gravidade de um fogo já existente. Mantenha sempre produtos como papel, panos de prato e quaisquer materiais inflamáveis bem longe do fogão.

4. Para tratar queimaduras, mergulhe imediatamente a área afetada em água morna ou fria — não gelada — por pelo menos três minutos. "A cada segundo de demora esse calor penetrará mais e mais nas camadas da pele, e esse processo só se interromperá com o esfriamento; portanto você terá de agir com muita rapidez", Appy explica. "A técnica de resfriar a queimadura funciona para quase todas elas. Se você suspeitar de que se trata de uma queimadura mais grave, mantenha a área resfriada e chame o socorro de emergência."
5. Tome cuidado com objetos pontudos e afiados como facas e cutelos (e guarde-os longe do alcance das crianças). Quando usar a tábua de cortar, certifique-se de que ela esteja bem firme no local (coloque uma toalha molhada por baixo), e corte os alimentos com a lâmina da faca afastada de seu corpo. Lave as facas grandes à mão; não as coloque na lavadora de louças.

Dinamize seu armário de remédios: o essencial

Qual é uma das maiores áreas de desorganização em sua casa? O armário de remédios, segundo o doutor Rick Kellerman, presidente da Academia Americana de Médicos de Família. "As pessoas guardam coisas demais — principalmente remédios que já estão velhos e vencidos." Livre-se deles, aconselha o doutor Kellerman, pois não lhe farão bem algum. Um medicamento vencido pode não ter a mesma eficácia — e talvez até não seja seguro em razão de possíveis modificações químicas.

"Com o tempo, alguns medicamentos mudam", ele diz. "Por exemplo, determinadas medicações são afetadas pelo calor e pela luz. Ou, se é uma solução líquida, pode se tornar mais concentrada do que era inicialmente."

Fique atento às datas de validade. "Faça uma limpeza geral uma vez por ano, retirando o que venceu, ou remédios que você não está mais usando — como antibióticos que sobraram ou quaisquer medicamentos cujo uso seu médico mandou suspender. Jogue tudo isso fora."

Simplifique, recomenda o doutor Kellerman. Compre medicamentos que não exigem receita médica apenas quando precisar deles. Por exemplo, se você raramente tem dor de estômago, não compre antiácidos apenas para tê-los em casa. "Se você tem problemas estomacais e foi examinado por um médico, então compre o remédio. Mas sair e comprá-lo apenas porque talvez venha a precisar dele algum dia é um desperdício de dinheiro."

Além disso, não há necessidade de adquirir antissépticos para pequenos cortes e arranhões rotineiros. "Água e sabão continuam sendo os melhores antissépticos", ele garante.

O doutor Kellerman relaciona estes produtos essenciais para seu armário de remédios:

- Luvas descartáveis (necessárias quando se estiver tratando de ferimentos, para evitar a contaminação)
- Curativos adesivos (para pequenos cortes)
- Gaze (para ferimentos)
- Esparadrapo
- Pinças
- Um termômetro (o melhor possível)
- Acetaminofeno (para febre, dores e artrite)
- Ibuprofenol (para febre, dores e tensão muscular)
- Aspirina (para prevenção de artrite e doenças cardíacas; converse com seu médico; não dê este medicamento para crianças por causa do risco da síndrome de Reye)
- Antiácido (opcional; se houver histórico de problemas estomacais)
- Anti-histamínico (opcional; se houver histórico de alergias)
- Epinefrina (opcional; se houver histórico de alergias ou asma)
- Loção de calamina (para picadas de insetos)

Do que você não precisa. Desinfetantes (água e sabão são os melhores); pomadas com antibiótico (o doutor Kellerman não as recomenda: "Algumas pessoas têm reações alérgicas, e não sei se elas realmente funcionam em termos de cura"); descongestionantes ("Compre-os somente quando precisar mesmo deles"); cremes com hidrocortisona ("Nem sempre são necessários — use loção de calamina para picadas de insetos").

Outras coisas de que você precisa. Uma relação atualizada de todos os medicamentos que estiver usando. "Isso inclui não apenas os remédios receitados por seu médico, como também os medicamentos que não necessitam de receita e os fitoterápicos", diz o doutor Kellerman. "Guarde essa lista porque, se você tiver de ir a um novo médico ou ao pronto-socorro, talvez não se lembre do que está tomando, e os médicos têm de saber essas informações para evitar interações medicamentosas."

Armazenagem. Onde devemos guardar os remédios? Na verdade, segundo o doutor Kellerman (e também o FDA), o banheiro não é o melhor lugar para isso, pois os extremos de umidade e calor podem afetar a potência e causar deterioração. "Guarde as medicações em um local onde a temperatura e a umidade sejam mais controladas", ele aconselha. O armário de roupas de cama, por exemplo, é muito bom — longe do alcance das crianças, é claro.

Kit de primeiros socorros. O doutor Kellerman sugere que você faça um kit de primeiros socorros para levar no carro (sobretudo em viagens mais longas). Além da relação acima, ele recomenda: um cobertor; uma toalha limpa e seca para aplicar compressão se alguém tiver um ferimento ou corte; uma garrafa de água mineral para limpar cortes ou ferimentos; e um higienizador de mãos à base de álcool. O principal é manter tudo organizado e num só lugar para quando vier a precisar.

Design 101: a arte da "desdecoração"

No mundo do design de interiores Mario Buatta faz parte da realeza. Carinhosamente conhecido há décadas como o "príncipe do *chintz*" em razão de sua paixão por tecidos florais, este designer de Nova York possui fama internacional por ter criado espaços não apenas lindíssimos, mas também "desdecorados", o que significa que são confortáveis e usáveis. Intitulado pela *Architectural Digest* como um dos Design 100 e pela *Town & Country* como um dos doze melhores designers dos Estados Unidos, Buatta tem uma lista notável de clientes — Mariah Carey, Barbara Walters e Henry Ford II, apenas para mencionar alguns. Entre seus muitos projetos estão a

Blair House, a ala de hóspedes oficiais da Casa Branca e as galerias Henry Francis du Pont do Museu Winterthur em Delaware.

O que é essencial para um cômodo bem decorado? Mario Buatta oferece sua opinião sobre o básico:

Mudanças arquitetônicas. Se puder melhorar um cômodo com mudanças estruturais, isso fará uma grande diferença. "Seja mudando o lugar das janelas, da lareira ou da abertura para o cômodo — como você entra e como sai —, é importante acertar na arquitetura", afirma. "É claro que é muito mais fácil fazer essas modificações em uma casa do que em um apartamento."

Uma planta baixa. Crie uma planta baixa funcional para ajudá-lo a determinar onde os móveis e objetos serão colocados. "Pense primeiro nos sofás e nas cadeiras, depois acrescente as mesas e outros móveis", Buatta aconselha. "Isso realmente ajuda na visualização de como o cômodo vai ficar."

Cor. Decida que esquema de cores você deseja para o cômodo e analise como esse esquema combina com o restante da residência. "Pense na cor que o cômodo terá, e nas cores do restante da casa ou do apartamento", diz Buatta. "As cores devem provocar uma sensação agradável assim que você entrar no ambiente. E devem ser agradáveis quando você for de um cômodo a outro — nada pode ser dissonante." Por outro lado, "não existem regras no que se refere a cores — elas devem ser do seu agrado".

Tecidos. Compre os melhores tecidos pelos quais você puder pagar. Cores, padrões e durabilidade são considerações fundamentais. "Tenha em mente o que mais se adapta ao cômodo que você está decorando. Tento deixar tudo aconchegante, confortável e colorido. Uso diversas padronagens em um mesmo ambiente, de forma que pareçam ter chegado em momentos diferentes." Conforto e qualidade também são importantes. "Você dorme em uma cama durante oito horas, mas suas cadeiras e seus sofás devem ser tão confortáveis quanto a sua cama. E de boa qualidade, pois assim irão durar por muito tempo. Tenho um sofá há trinta e um anos, e ele permanece excelente. Quanto mais o uso, mais confortável fica."

Composição e equilíbrio. Considere a estética geral do cômodo. "Veja o ambiente como se você fosse um artista pintando uma tela", Buatta sugere. "Busque uma composição agradável e um equilíbrio de cores para que não veja quatro objetos vermelhos em um canto e quatro objetos verdes em outro."

Escala. Pense em seus móveis e na relação deles com o cômodo. Um dos erros mais comuns é enganar-se a respeito da escala — como os móveis se distribuem em um ambiente muito grande ou muito pequeno. "As pessoas acabam comprando sofás pequenos demais, cadeiras pequenas demais, armários pequenos demais por não compreender o tamanho e como a mobília vai ficar na sala", Buatta lamenta. A escala pode ser enganadora: num quarto pequeno, por exemplo, uma cama grande com dossel pode, na verdade, fazê-lo parecer maior, ele garante. E em um quarto grande, móveis pequenos podem dar a impressão de peças de quebra-cabeça espalhadas a esmo.

O elemento-surpresa. Misture as coisas — não se esforce para que tudo fique perfeito. Buatta compara os cômodos com jardins. "Eles continuam a crescer — nunca estão de fato prontos e terminados. Evoluem com o tempo, por toda a vida." E é bom misturar períodos. "Eu misturo tudo — isso faz com que a casa fique integrada. Podemos mesclar o antigo e o novo. Se você tem um cômodo que é todo de um só período, o resultado é um tédio."

Para quem se preocupa com o orçamento. Você pode fazer melhorias em sua decoração sem estourar a conta bancária. Até mesmo uma simples demão de pintura é capaz de fazer uma grande diferença. Ou a mudança das capas dos sofás. "Uma cliente minha tinha quatro jogos diferentes de capas, uma para cada estação do ano. Isso modificava toda a aparência da sala. Há quem mude os objetos da mesa de uma estação para outra. Você pode também trocar as almofadas e mantas. É possível fazer modificações incríveis usando lençóis como capas de sofás e muitas outras coisas."

O que evitar. Não compre por impulso, muito menos os itens mais caros. "Espere até que o objeto certo apareça", é o conselho de Buatta. "Resista ao 'vou comprar isto aqui por enquanto'. O que você compra é um investimento e, se fizer um mau investimento, terá de conviver com ele."

Controle alergênico no quarto

O ar que você respira está comprometendo seu sono? Para as pessoas que sofrem de asma e alergias, o quarto pode ser um campo minado de problemas em potencial — desde ácaros e mofo até pelo de animais domésticos. Eis aqui algumas maneiras de limpar o ar e conseguir um sono tranquilo:

- Mantenha os animais domésticos fora dos quartos e bem longe dos travesseiros e roupas de cama.
- Troque os lençóis no mínimo uma vez por semana (duas vezes, se você transpira demais) e lave-os em água quente.
- Coloque capas resistentes a ácaros em seus travesseiros e colchões.
- Compre roupas de cama hipoalergênicas ou orgânicas, fabricadas com materiais naturais como algodão, seda, lã ou fibras.
- Pense em adquirir um filtro ou um purificador de ar.
- Mantenha o quarto limpo e sem poeira; use o aspirador de pó regularmente.
- Mantenha o quarto bem ventilado e com ar fresco.

A grande novidade: casas pequenas

Viver em grandes espaços não é essencial. Atualmente existe um movimento crescente na direção de casas menores e ecológicas — para poupar recursos naturais e dinheiro, entre outras coisas. Muitos construtores e designers dos Estados Unidos estão oferecendo casas pequenas, acessíveis, práticas e bonitas (algumas pré-fabricadas) que têm quase tudo de que você precisa. O jornal *The New York Times* e outras publicações divulgaram artigos sobre essas empresas, incluindo a Tumbleweed Tiny House Company (www.tumbleweedhouses.com), Alchemy Architects (www.weehouses.com), Modern Cabana (www.moderncabana.com), Cottage Company (www.cottagecompany.com) e Cusato Cottages (www.cusatocottages.com). A Cusato projetou as Katrina Cottages para as vítimas do furacão Katrina, e o modelo agora está disponível na Lowe's (www.lowes.com).

Para mais informações, visite o site da Small House Society (www.smallhousesociety.com), que promove casas pequenas, e The Not So Big House (www.notsobighouse.com), um site iniciado pela arquiteta Sarah Susanka, autora de *The Not So Big Life: Making Room for What Really Matters* e *The Not So Big House: A Blueprint for the Way We Really Live*.

É fácil ser verde

Nem todos podem se dar ao luxo de instalar equipamentos de aquecimento solar, mas você não precisa empreender grandes mudanças para ter consciência ecológica. Doug Moss, editor e cofundador da *E/The Environmental Magazine* e coeditor do livro *Green Living: The E Magazine Handbook for Living Lightly on the Earth*, afirma que existem diversas atitudes que você pode tomar para poupar energia, reduzir o lixo e tornar sua casa mais saudável. Eis como:

- Substitua as lâmpadas incandescentes pelas fluorescentes compactas, que poupam energia. Elas duram cerca de dez vezes mais e usam 75% menos de energia do que as incandescentes. "Nós as instalamos em casa há oito anos e, juro, foi apenas recentemente que comecei a trocá-las", diz Moss.
- Certifique-se de que todos os seus aparelhos domésticos (como lavadora de louça, geladeira e lavadora de roupas) possuem o selo de controle dos órgãos competentes.
- Instale chuveiros de baixa pressão e descargas de baixa pressão para economizar água. O U.S. Geological Survey estima que o norte-americano médio utiliza entre 300 a 380 litros de água por dia — a maior parte em descargas, duchas e banhos.
- Substitua os produtos de limpeza e cosméticos tóxicos por versões ecológicas. Ou faça a limpeza à moda antiga, com produtos como vinagre branco, bicarbonato de sódio, bórax, suco de limão e sabão de soda.
- Use tintas que contenham VOCs (sigla em inglês para componentes voláteis orgânicos) em sua casa. Os VOCs são produtos químicos com baixo nível de emissão existentes em muitos produtos domésticos

(incluindo tintas, produtos de limpeza, inseticidas, materiais de construção e móveis), que contribuem para evitar a poluição interna.

- Utilize restos de alimentos como adubo, se puder (isso talvez não seja possível para quem mora em apartamentos pequenos).
- Compre alimentos cultivados no local onde você reside. Existem muitos motivos para prestigiar a agricultura local, dentre eles: os produtos serão mais frescos por terem sido colhidos recentemente, e é provável que sejam mais nutritivos do que algo que foi colhido semanas antes; não bastasse, o trajeto mais curto do transporte diminuirá o uso de combustíveis fósseis, que são utilizados para transportar os produtos a destinos às vezes a centenas de quilômetros de distância. "De que adianta você comer um alimento orgânico se ele foi transportado de algum lugar no outro lado do mundo?", indaga Moss.
- Coma frutos do mar seguros. "Não se trata apenas da questão do mercúrio — é toda a ideia de extinguir os grandes conglomerados de pescado", Moss explica.
- Compre apenas o que você realmente precisa e quando precisar, e opte por itens que possam ser reciclados. Vivendo com mais simplicidade, não apenas reduziremos o lixo em nossas comunidades, mas também diminuiremos o potencial de acúmulo de coisas em nossas casas.
- Use água da torneira. Estima-se que os americanos consumam, por ano, cerca de 30 bilhões de garrafas de plástico com água. Os problemas: a maioria das garrafas vazias não é reciclada, e são necessários milhões de barris de petróleo para produzi-las, o que contribui para o aquecimento global. E por que comprar água se ela sai das torneiras gratuitamente? "Vou para o trabalho de bicicleta e fico impressionado com o número de garrafas de plástico que vejo jogadas na estrada", diz Moss. "As pessoas, em geral, têm a falsa impressão de que há algo errado com a água da torneira. Eu diria que, na maior parte, a água encanada dos municípios é bastante segura — a não ser que você more em uma área onde emissões de fábricas estejam invadindo o seu quintal."
- Mantenha sua casa bem ventilada com ar fresco. Segundo a Environmental Protection Agency (EPA), o ar dentro de uma residência (em razão de vapores químicos emitidos de carpetes, móveis, pintura, produtos de limpeza e materiais de construção — bem como os alergênicos

gerados por mofo ou poeira) pode ser até 100% mais tóxico do que o ar externo. "Este é mais um paradoxo: sendo ou não uma questão ambiental, é melhor ter o ar fresco poluído dentro de casa do que não deixar entrar ar algum", na opinião de Moss. "A grande maioria das questões ambientais na verdade é sobre a saúde, e não sobre abraçar árvores."

- Use cortadores de grama manuais em vez dos movidos a gasolina. "Essas maquininhas são muitíssimo poluidoras", Moss garante. "Elas gastam muito combustível porque queimam uma mistura de gasolina e óleo."
- Compre móveis e materiais de construção ecológicos, feitos de matéria-prima natural e sustentável, sem uso de substâncias químicas tóxicas.
- Reutilize sacolas de compras de plástico. De acordo com algumas estimativas, são necessários cerca de 12 milhões de barris de petróleo para produzir os bilhões de sacos plásticos que usamos anualmente (apenas 1% é, de fato, reciclado, de acordo com a EPA). Para evitar o acúmulo de sacolas plásticas, prefira uma sacola de brim ou de algum tecido resistente para carregar suas compras.

A arte de se desfazer: eliminando o excesso

Sua residência — quarto, porão, garagem ou sótão — está entulhada com inutilidades da vida moderna, desde velhos monitores de computador até pilhas de revistas que pertenciam à vovó e das quais você não consegue se desfazer? Se cada vez mais coisas estão se apropriando dos seus espaços, saiba que você não está sozinho nisso.

O acúmulo de objetos é uma batalha constante para muitos norte-americanos, segundo o organizador profissional Peter Walsh, do programa *Clean Sweep* do TLC, autor de *It's All Too Much: An Easy Plan for Living a Richer Life with Less Stuff*.

As quatro áreas problemáticas, segundo ele, são "papelada e documentos, com os quais brigamos o tempo todo; roupas, principalmente no armário do quarto principal; a garagem, ou o que costumo chamar de 'buraco negro' do acúmulo; e brinquedos das crianças".

Por que nos prendemos tanto a objetos sem uso? "É, esmagadoramente, por um desses dois motivos: medo ou controle", diz Walsh. "Esses são os dois fatores principais e se evidenciam em dois tipos de coisas das quais as pessoas não se desfazem. A primeira é o que chamo de acúmulo de lembranças, que são os objetos que nos fazem recordar de alguém importante, de um evento ou um momento no passado. O medo é de que, ao se desfazer do objeto, o indivíduo perderá a lembrança ou se esquecerá do que aconteceu. O segundo tipo é o 'poderei precisar disso algum dia'. E isso é o que você guarda para se preparar para uma enorme variedade de futuros imaginários possíveis; e se refere em grande parte à insegurança ou à necessidade de controlar o próprio destino."

Quando você deve se preocupar? "De forma moderada, não há nada de errado em se prender àquilo que o faça rememorar algo importante do passado, e é normal e apropriado planejar-se para o futuro", diz Walsh. "O problema é quando essas coisas passam a ocupar o *seu* espaço."

O que fazer para nos livrarmos disso tudo? "Tenho uma perspectiva diferente de lidar com a situação", Walsh explica. "Para mim, e estou absolutamente convencido disso, se você se concentrar nos objetos jamais conseguirá se organizar. *Nunca.* Eles são uma distração. O primeiro passo para se desfazer das tralhas é se perguntar: 'Qual é a visão da vida que desejo?' A partir daí, decida: 'Qual é meu objetivo e qual é meu sonho para minha casa, e para cada cômodo?' Esse é o ponto de partida. Uma vez que estabelecer essa visão, essa meta e esse sonho em sua mente, então você começará a olhar os objetos e se indagar: 'Este item me ajuda a conquistar aquela visão?' Se a resposta for positiva, fique com ele. Se for negativa... o que ele está fazendo em seu espaço?"

Walsh garante que fazer a si mesmo essas perguntas irá aniquilar qualquer sentimento de culpa que você talvez tenha. "Isso remove argumentos como 'Paguei caro por este objeto', ou 'Eu herdei isso aqui da minha avó'."

No final, você tem de respeitar os limites de seu espaço. "Trata-se de qualidade de vida e não de quantidade de coisas." (Para informações sobre limpeza do acúmulo em seus armários e organização de seu guarda-roupa, veja "A parte externa: o vestuário", na página 99)

Mente

II.

A CHAVE DO REINO: UMA MENTE SAUDÁVEL

Nada é bom ou ruim, mas pensar faz com que seja.

— WILLIAM SHAKESPEARE

A saúde da mente é tão fundamental para nossa sobrevivência quanto a do corpo. O que passa por nosso cérebro — pensamentos, sensações, atitudes, humores — pode ter o poder de nos curar ou de nos fazer mal.

O que determina uma mente saudável? Esta é uma pergunta complexa. Cada um de nós é produto da própria biologia (química genética e cerebral), do meio ambiente e das próprias experiências. Embora todos tenhamos nossas parcelas de problemas, preocupações, decepções e eventos dolorosos — não se pode passar pela vida sem eles —, é a maneira como lidamos com esses altos e baixos que será um dos principais fatores para se manter a saúde mental.

Embora a maioria dos indivíduos não seja mentalmente doente, a questão é que alguns funcionam muito melhor no mundo do que outros. Existem determinadas características essenciais, comuns a todas as pessoas de mente saudável, que são identificadas nas páginas seguintes por alguns dos melhores especialistas em saúde mental dos Estados Unidos.

Os essenciais para a mente saudável são:

Amor e conexão
Senso de controle
Conscientização e aceitação
A capacidade de ser real
Exercícios físicos e mentais

Estendendo a mão: amor e conexão

A alegria compartilhada é alegria em dobro;
a dor compartilhada é dor pela metade.

— PROVÉRBIO SUECO

A necessidade de amar e ser amado é fundamental para o ser humano — faz parte da nossa constituição genética. Na verdade, as pesquisas mais recentes na neurociência sugerem que os circuitos cerebrais são programados para a conexão social. Dividir e cuidar fazem bem para a nossa saúde física e mental. Estudos demonstram que aqueles que possuem fortes redes sociais são mais felizes e saudáveis do que os que se sentem isolados e solitários. Os primeiros sofrem menos estresse e até vivem mais — as pesquisas afirmam ainda que as pessoas casadas vivem cerca de cinco anos mais do que as solteiras ou viúvas. O essencial para o amor e a conexão é:

- A capacidade de criar laços íntimos com outros indivíduos
- A capacidade de dar e receber apoio emocional

Por que precisamos de amor e conexão

A necessidade de nos ligarmos a outras pessoas está incrustada no hardware do nosso cérebro. Com apenas alguns dias depois do nascimento, os bebês já fazem contato visual e parecem ser capazes de ler expressões faciais. Parece que também temos uma preocupação congênita pelos outros seres humanos. É bem documentado o fato de que bebês recém-nascidos, quando escutam o som de outros bebês chorando, reagem com lágrimas. E o mais interessante é que estudos recentes demonstram que quando um bebê escuta a gravação do seu próprio choro ele não reage — a reação aparece somente quando ouve o choro de outros bebês. Essa necessidade de se comunicar e de se identificar com outras pessoas — a percepção de algo além de nós mesmos — é o que nos faz humanos e o que nos assenta na realidade. Como disse a romancista Iris Murdoch: "O amor é a difícil constatação de que algo além de si mesmo é real."

"Somos programados para ser criaturas sociais — precisamos uns dos outros. Isso é essencial para a mente saudável e para o corpo saudável", afirma Joan Borysenko, Ph.D., psicóloga e coautora de *A bússola da alma: um guia de iniciação espiritual* e autora de *Cuidando do corpo, curando a mente*. "Sabemos que, quando os seres humanos se isolam, ficam mais ansiosos e mais deprimidos. Nossos pensamentos se concentram em nós mesmos, e isso não é bom."

Evidências demonstram que a solidão enfraquece o sistema imunológico. Quem se sente isolado tem mais propensão a sofrer níveis mais elevados de estresse, que produz o nocivo hormônio cortisol. Os solitários também correm o risco de desenvolver depressão, ansiedade, alcoolismo e outros comportamentos viciantes. Sem outras pessoas com quem compartilhar experiências, a vida pode parecer vazia e sem esperança. É através de relacionamentos — com nossos companheiros, nossa família, amigos e comunidade — que chegamos ao nosso próprio conhecimento.

Infelizmente, o isolamento é um problema da vida moderna, e alguns estudos sugerem que nossos círculos sociais estão se encolhendo. Embora precisemos do apoio da família, precisamos também de amizades fora do núcleo familiar. Hoje em dia muitos estão sobrevivendo sem "a pequena ajuda dos amigos". Um estudo da Universidade de Duke e da Universidade do Arizona, de 2006, revelou que os norte-americanos têm hoje menos amigos íntimos do que tinham duas décadas atrás. Na verdade, 25% dos participantes da pesquisa disseram não ter absolutamente nenhum amigo com quem trocar confidências. Os pesquisadores acreditam que nossos círculos sociais estão definhando por causa da quantidade crescente de tempo que os indivíduos passam trabalhando e do surgimento da comunicação via internet.

O essencial: o que dizem os especialistas

Amor e conexão são tão fundamentais quanto alimento e sono. Os componentes essenciais são:

A capacidade de formar laços íntimos com outras pessoas

Todo ser humano saudável tem necessidade de intimidade — de se sentir próximo de outros, de se sentir compreendido e de se sentir parte de um grupo. Essa é uma das bases da mente saudável. "Amor e conexão são o mais importante", enfatiza David H. Barlow, Ph.D., professor de psicologia e psiquiatria e diretor do Centro para Ansiedade de Distúrbios Correlatos da Universidade de Boston. "O campo da psicologia positiva tem demonstrado cada vez mais que os maiores promotores do bem-estar e da felicidade são a integração e as conexões íntimas que você tem com a família, os amigos e a comunidade", observa o doutor Barlow, um pioneiro no campo da psicologia clínica e autor de mais de quinhentos artigos de pesquisas.

A conexão com os outros tem um efeito profundo em nossa mente e nosso corpo. Quando experimentamos sentimentos amorosos, nosso cérebro produz um hormônio de bem-estar chamado oxitocina, que diminui os níveis dos hormônios do estresse, melhora o humor, baixa a pressão sanguínea e pode até mesmo afetar a velocidade com que nos curamos, entre outras coisas. A oxitocina é produzida no hipotálamo, a parte do cérebro associada ao prazer.

"Temos a necessidade fundamental de ser amados", diz a doutora Boryenko. "Os gregos tinham uma palavra para isso: *thymos*, que é a necessidade de reconhecimento, de ser visto. E eles acreditavam que essa era a necessidade mais forte que existia — e guerras eram travadas por ela."

A capacidade de dar e receber apoio emocional

Estar com quem nos compreende e nos aceita nos dá a sensação de que não estamos sós no mundo, que somos capazes de superar todos os estresses que a vida nos apresenta. Isso inspira confiança e segurança, nos faz sentir mais confortáveis para partilhar nossos pensamentos e sentimentos — as boas coisas da vida e também os problemas e dúvidas — sem termos de nos preocupar se seremos criticados ou julgados.

"É ter a sensação de estar sendo apoiado, como aquele velho ditado que diz que a dor compartilhada é dividida e a alegria compartilhada é multiplicada — acho que isso resume bem", comenta o doutor Barlow.

Apoio emocional é algo de que precisamos por toda a vida. "É necessário termos conosco pessoas com espírito generoso, que possam nos ajudar a superar os desafios", opina o doutor Michael Craig Miller, psiquiatra, editor-chefe da *Harvard Mental Health Letter* e professor assistente de psiquiatria na Escola de Medicina de Harvard. "Seu desenvolvimento não para quando você tem 5 anos, ou 12, ou 18. Nós crescemos e nos desenvolvemos por todo o transcorrer da existência, e precisamos dos outros. É muito difícil enfrentar tudo sozinho. Temos necessidade de convívio com gente que nos ajude a suportar nossos próprios tormentos, que nos ame a despeito de nós mesmos."

Também devemos estar presentes para nossos semelhantes. "Não apenas precisamos ser receptivos ao amor e àqueles que nos apoiam, como ainda temos de ser capazes de amar", diz a doutora Janet Taylor, psiquiatra e instrutora clínica de psiquiatria no Hospital Harlem, filiado à Universidade de Colúmbia, em Nova York. "O amor não se refere somente ao físico ou erótico; é a capacidade de ouvir, de ser curioso pela outra pessoa, de importar-se com ela o suficiente para lhe fazer perguntas e demonstrar interesse em sua vida, e de compreender como ela pensa e o que valoriza, o que significa que você tem de ter alguma medida de comprometimento e percepção."

É claro que qualidade, e não quantidade, é o que importa no que se refere a conexões íntimas. Alguns conseguem formar uma ampla rede social, no entanto, ainda assim, se sentem solitários. "Não é que quanto mais socialmente conectado você for, mais saudável será", explica a doutora Gail

Saltz, psiquiatra, autora de *Becoming Real*, colaboradora do programa *Today* e professora associada de psiquiatria no Hospital Presbiteriano da Escola de Medicina Weil Cornell de Nova York. "Há quem se sinta ótimo em ter apenas um amigo, e tudo bem. O importante é ter relacionamentos nos quais o indivíduo possa se abrir; contudo deve escolhê-los com cuidado — não pode se abrir para qualquer um."

Amor e casamento

- Em 2004, o Center for Disease Control and Prevention divulgou o resultado de um estudo realizado em três anos com 127 mil adultos. Descobriu-se que as pessoas casadas eram mais saudáveis e felizes do que as divorciadas, viúvas ou solteiras. De acordo com o relatório, as casadas tinham menos probabilidade de sofrer de dores nas costas, dores de cabeça e estresse psicológico, e de fumar ou beber em excesso. O único aspecto negativo: os homens casados, em especial os de meia-idade, mostraram maior tendência a estar acima do peso ou à obesidade.
- Em 2006, psicólogos da Universidade de Utah divulgaram um estudo realizado por três anos com 150 casais, idosos e casados, o qual concluiu que quando os cônjuges demonstravam um comportamento hostil ou controlador um com o outro, durante momentos de discórdia, tinham maior probabilidade de sofrer enrijecimento das artérias. O interessante é que as esposas corriam mais esse risco quando o comportamento delas ou dos maridos era hostil; o risco para os maridos aumentava quando o comportamento deles ou das esposas era controlador ou dominador.

Sobrevivendo aos socos e às rasteiras: um senso de controle

As dificuldades fortalecem a mente
como o trabalho fortalece o corpo.

— SÊNECA

Todos nós enfrentamos decepções, lutas, perdas, fracassos e momentos dolorosos no transcorrer da existência. Entretanto nem todos reagem da mesma maneira a essas experiências. Alguns conseguem superar provações terríveis e parecem se fortalecer com elas, enquanto outros se paralisam diante de até mesmo pequenas contrariedades. Por que algumas pessoas lidam com a adversidade melhor do que outras? Os especialistas em saúde mental afirmam que o motivo disso é que elas têm o sentimento de controle pessoal. O senso de controle não se refere a controlar os outros ou as circunstâncias que nos rodeiam. É um poder interior — a capacidade de administrar nossa resposta emocional em situações difíceis e de saber quando podemos mudar o rumo dos acontecimentos e quando isso não é possível. O essencial para fazer aflorar ou desenvolver o senso de controle é possuir:

- Uma forte crença em suas próprias capacidades
- Resiliência (capacidade de recuperação)
- Otimismo e bom humor
- Senso de propósito

Por que precisamos do senso de controle

A vida é cheia de incertezas — esse é um fato, que pode surgir na forma da morte inesperada de um ente querido, do diagnóstico de uma doença grave ou de um desastre natural. Ou até mesmo nos aborrecimentos da vida diária — no trabalho, em casa ou nas ruas. Embora nem sempre possamos controlar as circunstâncias externas, temos o poder de controlar nossas reações a elas.

"Com base em muitas pesquisas recentes, tanto em neurociência como nas ciências psicológica e cognitiva, um dos fatores que realmente parece ser a chave para o desenvolvimento e a manutenção da saúde mental é o senso de controle", revela David H. Barlow, Ph.D., professor de psicologia e psiquiatria e diretor do Centro para Ansiedade e Distúrbios Correlatos da Universidade de Boston. "É a sensação de que você será capaz de superar e lidar com os diversos desafios, ameaças e estresses que surgem. Talvez nem sempre seja fácil, mas você tem a sensação de que conseguirá lidar com essas dificuldades."

Aqueles que acreditam na própria capacidade de enfrentar os antagonismos (conhecida como autoeficácia) estão mais equipados para se adaptar a mudanças e enfrentar as pressões. "Verificamos, através de muitos e diferentes estudos, que todas as pessoas saudáveis têm essa capacidade, o que significa que são mais resilientes aos traumas", diz o doutor Barlow. "Então, se você passa por uma cirurgia grave, será liberado do hospital mais cedo, irá se recuperar mais depressa e suas feridas vão cicatrizar mais rápido. Ou se você perde o emprego, por exemplo, sua tendência é atribuir essa ocorrência a outros fatores, e não à sua própria inadequação."

Todos os seres humanos têm uma profunda necessidade do senso de controle em suas vidas. Aqueles a quem faltam habilidades adequadas para enfrentar dificuldades são mais vulneráveis aos efeitos do estresse. A sensação de estarmos sendo esmagados pelas pressões e pelos problemas gera sentimentos de desamparo, desesperança e vitimização, que podem levar à depressão. O estresse crônico também está relacionado a uma longa lista de problemas, incluindo doenças estomacais, pressão alta, dores de cabeça, insônia e aumento do peso.

Os indivíduos que têm senso de controle encaram as dificuldades como desafios a enfrentar, e não como ameaças a evitar. Eles se adaptam às mudanças e escolhem a abordagem proativa dos problemas, em vez da passiva.

"Podem ser até coisas muito pequenas", comenta a doutora Gail Saltz, colaboradora do programa *Today*, autora de *Becoming Real* e *Anatomia de Uma Vida Mais Secreta*, e professora associada de psiquiatria do Hospital Presbiteriano da Escola de Medicina Weill Cornell, de Nova York. "É a sua habilidade de dizer 'tudo bem, isso não deu certo', ou 'isso é difícil, mas tenho em mim a capacidade de administrar, de superar, de aprender com isso e seguir em frente'."

O essencial: o que dizem os especialistas

Você deseja ter um maior senso de controle em sua vida? Eis os componentes essenciais:

Uma forte crença em suas próprias capacidades

A autoeficácia é o sistema de crença que mantemos acerca da nossa própria capacidade de produzir resultados através de nossos atos.

"Autoeficácia significa que você tem a sensação de estar no controle, que tem a habilidade de ser eficaz para lidar com quaisquer situações que surjam", é a explicação do doutor Barlow. É a maneira como captamos uma situação difícil, não importa quão grande ou pequena, que seja crítica à nossa reação emocional. Em outras palavras, se pensamos que algo é estressante, então iremos reagir com essa emoção. As pesquisas demonstram que indivíduos com elevada autoeficácia não evitam os problemas, nem esperam passivamente as soluções. Eles são adaptáveis e flexíveis diante de situações adversas e seguem uma abordagem proativa por meio da solução das questões. Como resultado, lidam melhor com o estresse porque sentem que estão no controle. Eles também se dão o crédito até mesmo pelas pequenas realizações, e, quando sofrem contratempos, não se depreciam com autorrecriminações.

Acreditar em sua própria capacidade significa dar a si mesmo uma palmadinha nas costas. "Mesmo quando coisas boas acontecem, como você as processa e percebe?", indaga a doutora Janet Taylor, psiquiatra e instrutora clínica de psiquiatria no Hospital Harlem, afiliado à Universidade de Colúmbia, em Nova York. "Você as atribui ao seu próprio poder, ou acha que tudo não passou de um golpe de sorte, ou que lhe chegou graças ao poder de outra pessoa? Acredito que a capacidade de perceber que você tem o poder de criar sua própria felicidade é muito importante."

A autoeficácia torna-se particularmente importante conforme envelhecemos. Estudos sugerem que os idosos que têm um elevado senso de controle pessoal são mais felizes e têm menos problemas de saúde e memória.

Resiliência (capacidade de recuperação)

No filme *Ritmo louco*, de 1936, Ginger Rogers diz a Fred Astaire, na clássica canção de Jerome Kern: "levante-se, limpe a poeira, comece tudo de novo". A resiliência é mais ou menos isso — a capacidade de se reerguer depois da adversidade e seguir em frente. "Resiliência significa que você é capaz de absorver o impacto de estresses, e até mesmo de traumas, e se recuperar sem danos psicológicos", comenta o doutor Barlow.

Quem tem o senso de controle pessoal tem resiliência. A resiliência nos fala da habilidade de suportar os reveses; da sobrevivência. "É muito importante", garante a doutora Saltz. "Se eu tivesse de conceder um traço, uma dádiva a alguém, minha primeira escolha seria a resiliência, pois a vida sempre lhe pregará peças. É inevitável que algo dê errado, se torne difícil e exija sacrifícios. A resiliência é a capacidade de recuperar-se, perseverar e se reerguer. É um dos melhores traços que podemos ter em termos de saúde mental."

As pessoas resilientes são perseverantes — não desistem com facilidade e, quando experimentam fracassos ou adversidades, os encaram como experiências de aprendizagem.

"Não importa o que você faça, é inevitável que um dia depare com algo difícil, inesperado", comenta o doutor Michael Craig Miller, psiquiatra, professor assistente de psiquiatria na Escola de Medicina de Harvard e editor--chefe da *The Harvard Mental Health Letter*. "Digamos que você consiga o emprego de seus sonhos e fique muito feliz durante algum tempo. Porém, assim que começa a trabalhar se dá conta de que nem tinha ideia de quais eram os desafios. Pode vir o impulso de dizer 'Eu cometi um erro'. Mas você deve permanecer comprometido, superar as dificuldades."

Um componente importante da resiliência é a capacidade de enfrentar e superar o medo, explica a doutora Janet Taylor. "Muitos têm hábitos arraigados e não gostam de abandonar suas zonas de conforto. No entanto, ao agir com medo — tanto se contendo, evitando ou cancelando algo — você não está se comprometendo integralmente com sua vida; ao contrário: perderá a oportunidade de desenvolver suas forças. Ainda que tenha de repetir uma experiência desagradável, o melhor a fazer é reconhecer que está com medo, mas, apesar disso, dizer a si mesmo que fará o que for necessário, enfrentando o que o amedronta e encarando a situação de um ponto de vista diferente. Quando você enfrenta seus medos, ganha autoconfiança e poder. E, ao ver que sobreviveu a eles, irá perceber, em algum momento, que não há nada a temer."

A resiliência tem sido objeto de muitas pesquisas, diz a doutora Joan Borysenko, psicóloga e coautora de *A bússola da alma: um guia de iniciação espiritual* e autora de *Cuidando do corpo, curando a mente*. A doutora Borysenko fala sobre o trabalho da psicóloga Suzanne Ouellette, Ph.D., que pesquisou a capacidade de superação e estresse. "A doutora Ouellette estudou a obstinação em face do estresse, o que tem uma grande relação com a resiliência — poderia até ser um sinônimo para isso", diz a doutora Borysenko. "Ela descobriu que existem três características fundamentais nas pessoas que são firmes e obstinadas diante de situações estressantes: controle, comprometimento e desafio, e afirma que as personalidades obstinadas (1) têm uma boa compreensão do que é o controle — não cometem o erro de controlar o que é inerentemente incontrolável; em vez disso, encontram alguma coisa que podem controlar e direcionam sua energia para ela; (2)

comprometem-se com algo que torna a vida significativa, seja o trabalho, seja a fé; e (3) encaram as dificuldades como desafios e não como ameaças.

Otimismo e humor

Ter um forte senso de controle anda de mãos dadas com o otimismo — a crença de que tudo acabará bem graças aos nossos esforços. "Otimismo é a sensação de que, basicamente, você conseguirá lidar com qualquer situação que apareça e de que tudo acabará bem, que tudo está sob controle", diz o doutor Barlow. "É bastante preventivo. É a expressão positiva do senso de controle." A atitude otimista direcionada à solução de situações quase sempre é recompensadora. Quando acreditamos que nossas atitudes terão o melhor resultado possível por meio de nossos esforços e de nossa perseverança, tornamo-nos motivados a ocasionar o sucesso.

A doutora Borysenko fala sobre o trabalho de Martin E. P. Seligman, Ph.D., pioneiro no desenvolvimento da psicologia positiva, um crescente campo da psicologia que acredita que as pessoas podem aprender a ser mais otimistas e, portanto, mais felizes.

"Isto é notável: podemos realmente ensinar a nós mesmos a pensar de maneira mais otimista", afirma a doutora Borysenko. "Isso começa com a capacidade para desenvolver a percepção e a autorreflexão, de modo que, quando algo complicado acontece, o indivíduo se sente de fato capacitado para captar seu padrão de pensamento. A percepção que se adquire ao captá-lo e reconhecer que esse pensamento não o está guiando para uma boa direção abrirá a possibilidade de fazer outra escolha sobre a maneira de pensar anterior. Contudo, é claro, isso não é fácil."

Não mesmo, sobretudo se você é pessimista. "Eu não diria que sua saúde mental será ruim se você for pessimista", opina a doutora Saltz. "Entretanto, posso dizer que os otimistas são mais esperançosos, que a saúde física deles é melhor e que tendem a ser menos estressados, portanto é preferível ser otimista. No entanto, creio que é muito difícil se tornar uma pessoa otimista se essa não é sua natureza. É bem provável que haja fatores de programação cerebral envolvidos, e você precisa lidar com o que tem. Mas, sim, o otimismo é uma boa característica."

O senso de humor anda de mãos dadas com o otimismo. Quando não levamos a vida, ou nós mesmos, muito a sério e descobrimos maneiras de rir dos nossos problemas e de nossas fraquezas, conseguimos lidar melhor com as adversidades e ter um maior senso de controle. Mark Twain disse certa vez: "O humor é o que de melhor existe, é o que salva. No instante em que ele aflora, toda nossa irritação e ressentimento desaparecem, e o espírito ensolarado ocupa seus lugares."

"Não é bom levar a vida muito a sério", garante a doutora Taylor. "Vamos admitir, há momentos em que você simplesmente precisa rir das coisas e não levá-las para o lado pessoal."

Senso de propósito

Os especialistas dizem que sentir o controle pessoal dá às nossas vidas um senso de propósito — uma razão de ser. Todos nós precisamos crer que nossa existência tem significado e valor. Todas as pessoas têm de "acreditar que algum aspecto de suas vidas tem valor e que estão aqui para algum propósito", explica a doutora Janet Taylor. "Esse propósito vem de uma base diferente para cada um. Para alguns pode vir da fé, a convicção de que, não importando quão difícil seja uma determinada situação ou momento, um poder maior irá ajudá-las a encontrar o caminho. Para outras o propósito pode vir do ato de se doar para ajudar seus semelhantes. E para outras, ainda, em especial aquelas que enfrentam muitas dificuldades, pode até mesmo ser uma atitude de 'apesar de': 'apesar de tudo o que me aconteceu, sei que sou capaz de enfrentar o mundo, que minha vida tem valor, e vou mostrar isso a todos'. O senso de propósito é importante porque, sem ele, a existência pode parecer muito vazia."

O poder curativo do perdão

Óbvio que coisas ruins podem acontecer. Quando somos feridos ou vitimizados de alguma forma, nosso senso de confiança no mundo pode ser destruído, e isso talvez resulte em sentimentos de raiva, ressentimento ou vingança. No entanto, se não conseguimos nos livrar dessas emoções poderosas, elas podem produzir efeitos nocivos à nossa saúde e bem-estar.

Por meio do perdão aprendemos a curar as feridas e seguir em frente, revela o doutor Frederic Luskin, um pioneiro no estudo do perdão, autor de *O poder do perdão*, fundador do Projeto Perdão da Universidade de Stanford e codiretor do projeto Hope Stanford, Irlanda do Norte, dois renomados programas de pesquisa que estudam os efeitos da intervenção do perdão.

Perdão é o processo de fazer as pazes com o seu passado. Ele nos fornece "uma linguagem diferente sobre o que aconteceu, de forma que a história da experiência se modifica", ensina o doutor Luskin.

O oposto disso, a implacabilidade ou ausência de perdão, "acontece quando você tenta controlar coisas que não consegue, como outras pessoas ou o passado", ele comenta. "E é isso que desencadeia todo esse sofrimento. O desencadeador da implacabilidade ocorre quando pensamos que o outro não deveria ter se comportado de determinada maneira."

Porém, quando ficamos presos nesse padrão de pensamento, ano após ano, somos nós que mais sofremos. Concentrando-nos em nossa dor, damos ao outro um poder sobre nós. O motivo principal para "ensinarmos as pessoas a perdoar é elas estarem desperdiçando suas vidas, afligindo-se com algo que já passou, já terminou", enfatiza o doutor Luskin. "E aquele que as magoou ou feriu talvez nem se importe, ou talvez nem imagine que tenha causado algum mal, ou até nem esteja mais vivo. Portanto, a única pessoa para quem serve o perdão é você."

Contudo, perdoar não significa esquecer ou relevar o mau comportamento. "Se alguém mata seu filho ou sua filha, não há como esquecer", de acordo com o doutor Luskin. "Mas existem níveis diferentes de lembranças e diferentes ângulos da história, que são fornecidos pelo perdão." Você também não precisa se reconciliar para perdoar. "É possível perdoar e não se reconciliar, assim como não perdoar e se reconciliar. Se prestar atenção aos casais presos em casamentos infelizes, verá que eles se reconciliam o tempo todo, mas não se perdoam."

O perdão não pode ser forçado e tampouco apressado, é claro. Você deve estar pronto para perdoar, e isso leva tempo. "O tempo é para o processo de pesar, não para o perdão", esclarece o doutor Luskin. "Você sofrerá, ficará triste, com raiva — quaisquer que sejam os estágios do luto ou pesar. Quando se perde um ente querido ou quando algum mal se abate sobre nós, não há como evitar a dor."

O problema é quando ficamos presos em nossa dor e não conseguimos seguir adiante. Infelizmente, algumas pessoas a transformam em uma história de vida, o doutor Luskin observa. "Elas ficam remoendo o sofrimento ou se esforçam para encontrar alguém a quem culpar, e isso é muito diferente de um sofrimento normal. Nem sempre é algo consciente. Alguns indivíduos relutam em aceitar a experiência pela qual estão passando e preferem ter uma desculpa para o fracasso. Porém, mesmo se você estiver sofrendo e relutante, em algum momento terá de dizer: 'esta é a minha vida, incluindo toda essa coisa horrível que me aconteceu; e agora, o que faço para extrair o melhor de tudo isso?'. A maioria evita este momento."

Agarrar-se ao ressentimento e à raiva durante anos reforça os sentimentos de vitimização. "A raiva prolongada demonstra que você não fez nada para encontrar meios de lidar com a situação de maneira bem-sucedida", alerta o doutor Luskin. "É um arroubo do tipo 'eu não entendo, não consigo me ajudar, sou inútil'. Trata-se de uma falsa sensação de poder."

Qual é o impacto disso em nossa saúde? "Em grande parte, pode-se identificar o impacto nos efeitos negativos do estresse. Sentir raiva, ressentimento, frustração ou autopiedade com regularidade provocará um estresse em seu organismo cada vez que esses sentimentos aflorarem. Isso terá um efeito cumulativo e levará a doenças relacionadas ao estresse. A raiva é, creio eu, a emoção mais agressiva que podemos gerar em nosso corpo — é ainda mais nociva e destrutiva interpessoalmente. Não apenas você se estressa, mas também antagoniza aqueles que o rodeiam. Você se afasta do amor e da conexão."

Para mais informações sobre o doutor Luskin e suas pesquisas sobre o perdão, acesse o site learningtoforgive.com.

Traumas: habilidades para superar

Experimentar um acontecimento traumático — seja um desastre natural, um crime violento ou algum tipo de acidente — pode causar um grave impacto em nossa saúde mental e física, dependendo de como lidamos com isso. Inicialmente, podemos apresentar uma série de sintomas, incluindo os *flashes* de lembranças, ansiedade e insônia. Eis algumas maneiras de superar:

- Compreenda que seus sintomas são normais, sobretudo logo depois do trauma.
- Mantenha sua rotina diária.
- Reserve um tempo para resolver os conflitos do dia a dia, para que eles não se somem ao seu estresse.
- Não tente fugir de situações, pessoas ou lugares que o façam se lembrar do trauma.
- Encontre meios para relaxar e seja gentil consigo mesmo.
- Procure o apoio da família, dos amigos e conselheiros religiosos, e fale sobre suas experiências e sentimentos.
- Participe de atividades agradáveis e recreativas.
- Reconheça que você não consegue controlar tudo.
- Reconheça a necessidade de ajuda profissional, e procure a que estiver mais próxima.

Fonte: Adaptado de materiais dos Centers for Disease Control and Prevention.

Vivendo conscientemente: consciência e aceitação

A capacidade de estar no momento presente é o principal componente do bem-estar mental.

— ABRAHAM MASLOW

Muitos de nós vivemos a vida em qualquer lugar, exceto este aqui. Nossos pensamentos viajam com o piloto automático ligado — preocupados com uma coisa ou outra. Parece que jamais estamos no presente. Somos essencialmente distraídos, controlados pela força do hábito. Em contraste, quando somos conscientes, nos encontramos em total concentração no momento. Estamos aqui, não ali.

A conscientização promove a clareza. Leva à autoaceitação: começamos a nos ver como realmente somos, porém sem críticas nem julgamentos. Os conceitos de conscientização e aceitação têm raízes nas práticas de meditação budista, que remontam a mais de dois mil e quinhentos anos. Porém você não precisa ser budista para praticá-las — pode aplicá-las a todas as áreas da sua existência. Aqui estão os essenciais para a conscientização e a aceitação:

- A capacidade de estar presente
- A capacidade de observar sem julgamento ou crítica
- A capacidade de perceber coisas novas

Por que precisamos de consciência e aceitação

No decorrer dos últimos trinta e poucos anos, com o aumento do interesse no Ocidente pela medicina que integra corpo e mente, a conscientização — sob a forma de meditação, visualização, ioga e outras técnicas — tem recebido ampla aceitação como um meio de reduzir o estresse e intensificar o bem-estar geral. Os pioneiros na prática da conscientização incluem Jon Kabat-Zinn, Ph.D., que desenvolveu o método Redução de Estresse Baseada na Conscientização, e o doutor Herbert Benson, que desenvolveu o Efeito Relaxamento.

O conceito de conscientização também foi integrado a diversas psicoterapias com tratamento para ansiedade, depressão e distúrbios de humor. Uma intervenção que atrai grande interesse é a Terapia de Aceitação e Compromisso, desenvolvida por Steven C. Hayes, Ph.D., que usa técnicas de conscientização e aceitação para ajudar as pessoas a identificar pensamentos e sentimentos perturbadores que provocam dor, e a avaliá-los sem julgamentos.

Conscientização é estar presente e atento. Quando conscientes (aqui), estamos totalmente engajados no momento. Quando ficamos distraídos ou indiferentes (no piloto automático, e não aqui), pensamos através da força do hábito, vinculando significados a ideias ou sentimentos que nada têm a ver com a realidade.

"Você cria sua realidade através do que pensa", afirma Joan Borysenko, psicóloga e coautora de *A bússola da alma: um guia de iniciação espiritual* e autora de *Cuidando do corpo, curando a mente*. "Não digo isso como algo do tipo *new age*, de maneira alguma. Em qualquer momento podemos estar no paraíso ou no inferno diante das mesmas circunstâncias, dependendo de onde se encontra a nossa mente."

No entanto, nossa mente tem o hábito de ir sempre para os mesmos e velhos lugares. "Ela tem uma trilha habitual", diz a doutora Borysenko. "As antigas e sábias tradições, como o budismo, por exemplo, têm uma palavra para isso, o chamado *samskara*, que é o hábito mental, o padrão de pensamento. É como uma descida do alto de uma montanha. A mente não vai descer por qualquer caminho que escolher. Ela desce pela trilha que foi aberta no decorrer do tempo."

Basicamente, nossas mentes ficam tagarelando sem parar, produzindo um número incontável de julgamentos e avaliações — chamados de diálogo interno ou autoconversa — dos quais em geral não temos consciência, mas que influenciam diretamente nosso comportamento. Grande parte desse diálogo pode ser autossabotador.

"O conteúdo da mente, em especial as histórias que contamos a nós mesmos, é arbitrário", afirma Martha Beck, socióloga, colunista da revista *O: The Oprah Magazine* e autora de *Finding Your Own North Star: Claiming the Life You Were Meant to Live*. "Sua mente verbal poderia muito bem ser uma sala cheia de chimpanzés martelando teclados de computadores. Seu cérebro produz pensamentos num fluxo de narrativa semelhante à — e vou usar aqui uma comparação horrível, mas pertinente — forma como seus intestinos produzem excrementos. Prefiro usar este exemplo em vez de, digamos, seu coração bombeando o sangue, exatamente por ser um exemplo tão desagradável. Você tem muita porcaria em sua mente, e a maior parte dela é mera ilusão."

Nós nos tornamos cientes de nossos pensamentos mediante a conscientização, que leva à aceitação. "Aceitação é sermos capazes de tolerar os pensamentos perturbadores e desagradáveis que surgem com frequência", diz David H. Barlow, Ph.D., professor de psicologia e psiquiatria e diretor do Centro para Ansiedade e Distúrbios Correlatos da Universidade de Boston. "Uma das características daqueles que sofrem de ansiedade e depressão é o fluxo contínuo de pensamentos desagradáveis que lhes ocorre. Esses indivíduos não conseguem parar de se preocupar com algo que vai acontecer, ou ficam ruminando sobre o que fizeram de errado e são incapazes de esquecer."

No entanto, tentar controlar, eliminar ou evitar esses pensamentos produz o efeito contrário, ele garante. "Descobrimos que com esses estados internos negativos, como pensamentos e sentimentos, quanto mais você tenta suprimi-los ou tenta se desligar deles, mais fortes eles ficam. Ao passo que se você tomar o rumo contrário e desenvolver uma atitude de aceitação — estando ciente de que esses pensamentos e sentimentos existem, contudo é capaz de empurrá-los para um canto da mente, ou, como dizemos aos nossos pacientes, de permitir que eles fluam, que entrem e saiam sem se instalar —, então descobrimos que esses pensamentos e sentimentos começam a se esvair, tornam-se muito menos salientes e intensos."

Quando pratica a aceitação você observa seus pensamentos de "maneira não recriminadora, não emocional", ele diz. "É apenas estar ciente de que 'ah, sim, aí está isso novamente. Mas tudo bem, continuarei com a minha atividade do momento. Sei que ele está presente, porém vou ignorá-lo e seguir adiante com minha vida'. Em outras palavras, agindo assim você estará deixando os sentimentos e pensamentos de lado e dizendo: 'Sim, eu sei que você está aí, mas neste momento estou ocupado com outras coisas'."

Por meio da aceitação, segundo Beck, começamos a nos dar conta de que a tagarelice mental é apenas isso. "Uma vez que você tem essa epifania — quando consegue compreender que seus pensamentos são apenas pensamentos e que quase sempre não correspondem a nada —, nunca mais retrocederá."

O essencial: o que dizem os especialistas

Conscientização e aceitação referem-se a estar alerta, no aqui e agora, e perceber isso de uma nova maneira. Para você ficar mais consciente e aceitar seus pensamentos e sentimentos, os essenciais são:

A capacidade de estar presente

Ao viver no futuro ou no passado, estamos vivendo em nossas mentes. O presente, o agora, é a única forma de vivenciarmos nossa existência. Estar presente é perceber — mas não julgar — e experimentar de maneira nova tudo o que acontece.

Como fazemos isso? A meditação consciente é uma forma — em geral se concentrando em algo único, como a respiração, por exemplo — de se manter ancorado no presente. "Acho que as tradições antigas têm muito a oferecer", aconselha Joan Borysenko. "Se você for capaz de desligar aquele diálogo interior por instantes — seja através da meditação, *qi gong* ou ioga — poderá aumentar sua conscientização para criar um intervalo de tempo entre o comportamento automático e o potencial de deixá-lo passar e se mover em outra direção."

Há muitas maneiras mais de se ficar atento, afirma Ellen J. Langer, Ph.D., professora de psicologia na Universidade de Harvard e pioneira no campo das pesquisas de conscientização, que escreveu vários livros sobre o assunto, incluindo *Mindfulness, The Power of Mindful Learning* e *On Becoming an Artist: Reinventing Yourself Through Mindful Creativity*, bem como mais de duzentos artigos de pesquisa. Aprenda a praticar a conscientização nas atividades do dia a dia: comendo, caminhando, lavando louça, tomando banho, lendo, desenvolvendo uma nova habilidade — o que quer que você esteja fazendo. "Conheço muita gente que não consegue ficar parada sequer dez minutos por dia — imagine vinte minutos duas vezes por semana — para meditar; portanto, esta é, de certa forma, uma abordagem muito mais ocidental para se chegar ao mesmo ponto", ela diz. O objetivo é ficar totalmente engajado em qualquer coisa que você faça.

"Quando não estamos presos no futuro ou no passado, temos de lidar apenas com o presente, e assim fica muito mais fácil relaxar", explica Martha Beck.

Estando presentes, tornamo-nos mais abertos para novos aprendizados. "Quando você está sem foco, não permite que outras pessoas se aproximem e não entra em contato", comenta a doutora Janet Taylor, psiquiatra no Hospital Harlem, afiliado à Universidade de Colúmbia, em Nova York. "Mas quando se encontra consciente, você fica aberto e curioso — e escuta. Assim, consegue captar toda essa sabedoria integrando-se nas vidas do outros. Algumas das melhores lições que recebi vieram de motoristas de táxi, pessoas que encontrei nas ruas ou em conversas por acaso, quando elas lhe contam como chegaram aonde estão. Hoje em dia somos tão estressados que não permitimos a entrada de outros indivíduos em nossa vida, e sentimos que só podemos aprender com determinadas pessoas. A realidade é que, uma vez que você se abre, pode aprender com todo o mundo."

A capacidade de observar sem julgamento ou crítica

Quando somos conscientes, percebemos nossos pensamentos, mas nos damos conta de que não existem certezas, que as coisas estão sempre mudando. Vemos que pensamentos são apenas pensamentos. "Grande parte de seu sofrimento origina-se de narrativas que não têm base na realidade — são nada mais que isso mesmo: narrativas", Beck explica. "A condição de liberdade psicológica passa a existir quando o indivíduo compreende que ele não é a sucessão de histórias criadas em sua mente."

Beck fala sobre o sacerdote zen japonês Shunryu Suzuki. "Ele disse que todo ensinamento zen pode ser resumido em duas palavras: 'Nem sempre'." Isso significa que não importa o que você pensa, talvez esteja errado. "Uma vez que tenha isso em mente — 'Nem sempre' —, você nunca mais tornará a acreditar que algo é absoluto", ela garante. "'Nem sempre' é a via de saída para as histórias negativas e para a maior parte do sofrimento."

Obtemos perspectiva sobre nós mesmos quando notamos os pensamentos, contudo não os levamos a sério. "Quando você observa o que pensa, está olhando, o que é diferente de pensar", ensina Beck. "Você encara seus pensamentos com um certo divertimento, um distanciamento, de um lugar que não é fundado no raciocínio." Isso, porém, pode ser difícil para alguns ocidentais. "Quando Descartes disse 'Penso; logo, existo', estava estabelecendo a crença racionalista de que nós *somos* nossos pensamentos. No entanto, isso não é verdade."

Muitas culturas têm tradições de sair dos pensamentos. "Na cultura dos índios sioux, uma das metáforas para a mente é um lobo que persegue a própria cauda e fica girando e girando como louco. Esse é um animal muito inteligente, mas enlouquece quando se concentra apenas em si mesmo. Algumas culturas asiáticas chamam de 'mente macaca' essa coisa macaqueadora que não para de tagarelar. Em quase todas as culturas antigas existe a tradição de se rir da mente. Mas o racionalismo diz: 'Não, não, não — a mente é nossa identidade'. Então nós sempre acabamos nos envolvendo com ela."

Como podemos nos libertar da "mente macaca"? "Não leve o que você pensa muito a sério", ela sugere. Acima de tudo, não se recrimine nem se julgue. “Seja bondoso e compassivo com aquele que está pensando esses pensamentos ridículos.”

A capacidade de perceber coisas novas

Quando nos “desligamos”, vemos as situações de maneira limitada, através do hábito ou da rotina. “Tudo muda sem cessar; no entanto, nós mantemos as coisas imobilizadas em nossas mentes”, diz a doutora Langer. Quando ficamos conscientes e sintonizados, começamos a ver que de fato não sabemos o que achamos que sabemos. Passamos a enxergar que as coisas ‘Nem sempre’ são assim.

“Eu defino a conscientização como o processo de perceber ativamente o novo — não importa se o que você percebe é algo interessante ou uma tolice, contanto que seja novo para você”, ela afirma. “Se não se lembrar de observar algo novo ativamente, o passo seguinte será reconhecer que não existem certezas.”

Ser consciente significa não permitir que nosso presente seja controlado por nosso passado. “Você tem de reconhecer que as avaliações estão em nossa mente, não naquilo que avaliamos”, esclarece a doutora Langer. “Quanto mais consciente é a pessoa, mais ela se torna capaz de enxergar as variadas avaliações que o que quer que seja pode ter.” Quando somos conscientes, passamos a ver que existem muitas maneiras de se olhar para as coisas, que existem opções para antigas formas de se pensar.

Ausência de consciência *versus* consciência

Para entender a conscientização, concentre-se em seu oposto: a ausência de consciência. Este conceito foi o que primeiro chamou a atenção de Ellen J. Langer, Ph.D., professora de psicologia na Universidade de Harvard e renomada pioneira no campo da conscientização. Em meados da década de 1970, quando a doutora Langer chegou à universidade vinda da cidade de Nova York, ela começou a observar alguns comportamentos incomuns. "Cambridge é um lugar repleto de gente inteligente, mas reparei que as pessoas faziam as coisas mais estranhas. Por exemplo, ao entrar no banco, encontrava quatro caixas funcionando; em três tinham se formado filas, mas em um não havia ninguém. Em Nova York todos iriam correr para o caixa vazio. Então, pensei: 'Há algo esquisito acontecendo, parece que esses indivíduos nem estão aqui.' Foi aí que comecei a prestar atenção à inconsciência. Dali, foi apenas um pulo até chegar à conscientização."

Desde então a doutora Langer escreveu muitos livros sobre o tema, incluindo *Mindfulness, The Power of Mindful Learning* e *On Becoming an Artist: Reinventing Yourself Through Mindful Creativity*, bem como mais de duzentos artigos de pesquisa. A doutora Langer explica que conscientização é "o processo de realmente perceber coisas novas. Quando está vendo ativamente o novo, você se coloca no presente. É a sensação de engajamento". Por outro lado, a inconsciência é quando "você se agarra a distinções que já foram removidas. Seu presente é controlado por seu passado. Você é insensível ao contexto e à perspectiva, e suas regras e rotinas o governam, em vez de simplesmente guiarem-no. Desse modo, mesmo que elas não sirvam mais ao propósito original, você nem sequer se dá conta e continua fazendo tudo do mesmo modo. A ausência de consciência costuma acontecer por omissão, e não por desígnio".

Quando você não está presente, as pessoas — e os animais — notam. Para demonstrar a diferença entre o poder da conscientização e o comportamento não consciente, a doutora Langer descreve uma experiência que fez com golfinhos e seus adestradores. "Dividimos os adestradores em dois grupos: os não conscientes e os conscientes. Instruímos os conscientes a pensar em 'como aquele golfinho é diferente de todos os demais, e como hoje ele está diferente da última vez em que interagimos'. Aos adestradores treinados para serem não conscientes, pedimos que pensassem sobre tudo o que sabiam a respeito dos golfinhos, todas as certezas e os fatos confirmados, que é o equivalente à compreensão não consciente." O resultado? "Os golfinhos nadavam até os adestradores instruídos a serem conscientes com mais rapidez e permaneciam com eles por mais tempo do que com os adestradores que se mostravam distraídos, ou não conscientes."

Alimentando-se conscientemente

Quando se trata de comer, seu cérebro funciona no automático? Os pesquisadores dizem que as pessoas quase sempre comem demais — até mesmo quando a comida não é saborosa ou satisfatória — em razão da fome emocional e não física. A conscientização pode ser uma ferramenta eficiente para ajudar a perceberem qual é seu relacionamento com a comida, diz a pesquisadora Jean L. Kristeller, Ph.D., diretora do Centro para Estudo de Saúde, Religião e Espiritualidade da Universidade Estadual de Indiana, e fundadora do programa de Treinamento de Alimentação Baseado na Conscientização. Por mais de vinte anos a doutora Kristeller estudou como as técnicas de conscientização ajudam indivíduos com obesidade e distúrbios alimentares.

Segundo ela, existem três elementos fundamentais para a alimentação consciente:

1. *Percepção de sinais de fome.* "Você precisa ser capaz de distinguir entre fome física e fome emocional. Trabalhamos com uma escala de 10 pontos. Pedimos às pessoas que, antes de qualquer refeição, tenham alguns momentos de conscientização para sentir quanto estão com fome, e 10 é o máximo da fome, ao passo que 1 é absolutamente sem fome. Descobrimos que é notável como, dessa maneira, os indivíduos conseguem fazer a distinção entre os vários níveis de fome. Além disso, fique atento aos impulsos emocionais que o levam a comer — você tende a exagerar quando está com raiva, entediado, ansioso ou deprimido?"

2. *Percepção dos sinais de saciedade.* "Descubra qual é seu ponto de saciedade — e que ponto de saciedade funciona para você. Mais uma vez usamos a escala de 1 a 10, e descobrimos que para muitos indivíduos com peso acima do ideal essa pontuação foi uma revelação. Em questão de poucas semanas, eles dizem: 'Ontem almocei até o 4 e jantei até o 6, e me senti muito melhor'."
3. *Percepção da satisfação.* "Fique mais atento à sua satisfação com cada pedaço do alimento, de forma que se satisfaça com a qualidade em vez da quantidade. Usamos a palavra 'saborear' — saboreie a experiência do alimento, o gosto, o aroma. Mesmo se for em pequenas quantidades, coma conscientemente e com total apreciação."

A doutora Kristeller explica que não se trata de privação, mas de equilíbrio. "Não diga 'Nunca mais comerei um sorvete de chocolate' se você adora sorvete de chocolate, pois isso não irá funcionar para você. Pense mais em termos de 'Como posso continuar comendo sorvete de chocolate, mas mantê-lo no equilíbrio de como uso a comida que funcione para mim?' Portanto, comer umas poucas colheres de sorvete de chocolate com uma completa conscientização do prazer talvez seja mais satisfatório do que engolir um copinho inteiro de sorvete tipo iogurte sem gordura (e sem sabor) — e você ainda pode acabar com o mesmo número de calorias."

Erguendo a cortina de fumaça: a capacidade de ser verdadeiro

É necessário coragem para crescer e se tornar quem você realmente é.

— E. E. CUMMINGS

Quem você é, realmente? Muitos de nós não temos a menor ideia. Não importa o que façamos, nunca sentimos que fizemos da maneira certa, seja em nossas carreiras, seja em nossos relacionamentos. Podemos nos sentir entorpecidos, como se fôssemos levados pelas engrenagens da vida, cumprindo obrigações em vez de fazer o que queremos. Talvez nem mesmo saibamos o que queremos fazer. A autenticidade refere-se ao autoconhecimento — e isso inclui nossas forças bem como nossas fraquezas. É sobre usar nossos talentos e habilidades em sua total expressão. É sobre encontrar a nossa verdade. Não é uma jornada fácil, mas vale a pena. A recompensa: uma vida com sentido e paixão, e não com mediocridade e concessões. Eis os essenciais para ser verdadeiro:

- Autorreflexão sincera
- Capacidade de expressar e sentir emoções desagradáveis
- Aceitação de si mesmo e dos outros, com defeitos e tudo
- Coragem de viver a própria vida

Por que precisamos ser verdadeiros

Todos nós usamos algum tipo de máscara; é assim que aprendemos a funcionar e nos proteger do mundo. Porém muitas vezes perdemos o contato com o que está por trás da máscara. Ser autêntico é "saber a diferença entre o seu verdadeiro eu e o seu falso eu", explica o doutor Michael Craig Miller, psiquiatra e editor-chefe da *Harvard Mental Health Letter*. "Seja o que for que você demonstra ao mundo, de qualquer maneira que se apresente, o que de fato importa é estar consciente de quem você é na verdade. Não é que estejamos todos representando um papel, mas existem algumas pessoas que jamais sentem realmente onde sua vida interior começa e onde termina."

O que é o verdadeiro eu e o falso eu? Essas são questões sobre as quais se tem escrito há décadas. Todos nascemos com um eu verdadeiro, a essência vital de quem somos na realidade. Ao mesmo tempo, nascemos também com a necessidade de sermos amados e reconhecidos por nossos pais, porém nem todos têm a chance de satisfazê-la. Nesse caso, nós nos adaptamos e nos conformamos, escondendo nossas necessidades e desenvolvendo um falso eu a fim de sobreviver em nosso mundo. Não temos consciência do falso eu — ele faz parte da nossa mente inconsciente.

"Não se trata de não querermos ser autênticos", diz Joan Borysenko, Ph.D., psicóloga e coautora de *A bússola da alma: um guia de iniciação espiritual* e autora de *Cuidando do corpo, curando a mente*. "É que estamos apenas tentando ao máximo sermos amados e felizes. Todos temos a necessidade fundamental de sermos amados."

Podemos perder o contato com nosso verdadeiro eu pela pressão em nos conformar e adaptar. "Existem muitas maneiras de se perder a autenticidade", comenta a doutora Borysenko. "Veja todos aqueles que perdem a identidade por causa de ensinamentos religiosos, quando grande parte do que eles são não se encaixa nos moldes e é reprimida. Ou por causa de padrões da sociedade, como o de ser 'feio' uma mulher demonstrar raiva. Isso também se aplica às diferenças de sexo e à cultura — seja do local de trabalho, seja da sua família. Tanto homens como mulheres são propensos a passar a existência inteira em um estado de quase inconsciência, em que grande parte do que pensamos não irá nos levar ao amor de que precisamos; portanto, fica reprimida."

O resultado é que nosso verdadeiro eu pode se tornar obscuro. Não nos sentimos confortáveis em nossa própria pele; estamos vivendo uma vida que não é a nossa. "As pessoas tentam ser alguém que não são e se sentem falsas", diz a doutora Gail Saltz, psiquiatra, autora de *Becoming Real* e colaboradora do programa *Today*. Por outro lado, ela explica que "a autenticidade é a capacidade de ser verdadeiro, de saber e de aceitar quem você realmente é".

Ao ler o livro da doutora Saltz descobrimos que, quando somos crianças, inventamos narrativas ou histórias para compensar a dor e a falta de controle que experimentamos em nosso jovem universo: "Nossas histórias nos dizem quem somos e como o mundo funciona. Nós as criamos levados pela necessidade. Elas explicam eventos em nossas vidas que são traumáticos e difíceis, e nos permitem continuar com aqueles a quem amamos, quando estes não podem ou não querem corresponder à nossa mais essencial precisão de amor e reconhecimento."

Entretanto essas narrativas são falsas, baseadas na interpretação de uma criança. O problema, segundo a doutora Saltz, é que, quando adultos, continuamos a acreditar nelas. Em seu livro ela relaciona muitos tipos de histórias autoanuladoras que contamos a nós mesmos, incluindo "Eu preciso ser 'bom' para que todos gostem de mim", "Eu preciso ser perfeito ou algo ruim acontecerá", "Deve haver algo errado comigo porque ninguém fica ao meu lado por muito tempo" e "Se eu não for o 'número 1', então não sou nada". Mas essas narrativas — que se estabelecem em nossa mente inconsciente — não refletem em absoluto o que somos, e nos causam grande sofrimento, nos limitando e impedindo que sejamos autênticos.

É por meio da percepção que identificamos o diálogo interior negativo — as histórias que contamos a nós mesmos — e começamos a pensar de uma nova maneira. Por que temos de ser autênticos? Porque isso significa encontrar a verdade e a liberdade; significa ser a pessoa que estamos destinados a ser.

O essencial: o que dizem os especialistas

Para se tornar uma pessoa mais autêntica e verdadeira, os essenciais são:

Autorreflexão sincera

O caminho para a autenticidade é uma jornada da mente e da alma. Quem sou eu? Para onde vou? O que quero da vida? Quais são meus verdadeiros valores? Você é a única pessoa capaz de responder a estas perguntas, mas isso exige tempo e análise interior, o que significa permanecer parado e em silêncio consigo mesmo — algo não muito fácil para muitos.

No mundo de hoje passamos uma grande parte da vida num turbilhão de ocupações e agitação — ruídos demais, distrações demais, coisas demais a fazer. Embora ter uma existência plena seja algo maravilhoso, preencher cada momento dela com atividades pode ser uma maneira de evitar que olhemos para nosso interior. "O que acontece com muitas pessoas é que, assim que param com a correria, em seu íntimo instalam-se o vazio, a ansiedade, as dúvidas, o medo e a depressão, como se fosse um nevoeiro", diz a doutora Borysenko. "Manter-se ocupado o impede de entrar em contato com parte desse nevoeiro. A atividade excessiva pode ser uma forma de automedicação, da mesma maneira que o são a bebida ou as drogas."

Como você pode aprofundar a conexão consigo mesmo? Primeiro, mantenha um registro diário dos seus sentimentos, pensamentos e sonhos. Além disso, tente cultivar a imobilidade através da prática de meditação, ioga ou outras práticas contemplativas — é no silêncio que você irá ouvir sua verdadeira voz. Escute seu diálogo interior: aquela narrativa que se repete muitas e muitas vezes em sua mente. Que tipo de coisas você diz a si mesmo? Elas são ásperas, ofensivas, recriminadoras e extremamente críticas? Uma vez que se torna ciente dessas arengas negativas, pode começar a modificá-las. A percepção é a palavra ativa aqui.

Capacidade de expressar e sentir emoções desagradáveis

Não há como escapar: a vida tem momentos dolorosos. Assim, temos de nos permitir sentir emoções negativas como raiva e tristeza — faz parte de ser humano. Quando não reconhecemos e sentimos essas emoções, reprimindo-as ou negando-as, impedimos nosso autoconhecimento e felicidade. "Precisamos ter tolerância com as emoções perturbadoras", explica a doutora Saltz. Aqueles que evitam emoções desagradáveis "ficam esmagados ou transbordando, ou reprimem tudo até que os sentimentos explodam em algum tipo de sintoma", ela prossegue. "As pessoas farão qualquer coisa para não se sentir infelizes, e isso em geral conduz a problemas." Entrar em contato com nossos sentimentos, em especial algo doloroso do passado — seja raiva, ressentimento ou tristeza —, pode ser a chave que abre a porta para o autoconhecimento e, em consequência, para a felicidade. Segundo a doutora Saltz, quando temos coragem de encarar essas emoções damos a nós mesmos a chance de conexão com a poderosa mente inconsciente — o lugar de onde as histórias negativas se originam. (Observação: se você tem questões graves ou não resolvidas em seu passado, é aconselhável que procure orientação psicológica.)

Aceitação de si mesmo e dos outros, com defeitos e tudo

Um jeito certeiro de sabotar a autenticidade é o perfeccionismo. Estabelecer exigências irracionais a nós mesmos e aos outros é certeza de decepção e infelicidade. Trata-se de uma situação em que não há vencedores: jamais estaremos à altura, jamais seremos bons o bastante. Ser real é ser humano. Quando somos autênticos reconhecemos nossas forças e nossa coragem, bem como nossa vulnerabilidade e fraquezas. Aceitamos que não somos perfeitos e que não temos de saber tudo, e quando cometemos erros somos corajosos o suficiente para admitir que estávamos errados. Livrando-nos do perfeccionismo, tornamo-nos menos críticos e menos autorrecriminadores. Acima de tudo, aprendemos a perdoar. "Você não pode ficar se maltratando e censurando — precisa se perdoar", enfatiza a doutora Borysenko. "Se se envolver em uma nuvem de arrependimento, recriminando-se pelo que fez e por suas escolhas, não há dúvida de que será uma pessoa muito infeliz."

"É fundamental nos autoanalisarmos e examinar nossas experiências de forma que não nos causem demasiada culpa ou autorrecriminação", orienta a doutora Taylor. "Temos muitos estágios e transições — tudo faz parte de um processo. O que você aceita e compreende sobre si mesmo aos 20 anos é muito diferente de quando você tem 40 anos. Consolidar suas experiências, tanto positivas como negativas, leva ao autoconhecimento que, espera-se, todos nós alcançaremos antes de morrer. Acredito que o maior desafio da vida é dizer: 'Eu me compreendo e compreendo o mundo, e aceito como somos'." Além disso, quando nos aceitamos e perdoamos mais, também passamos a aceitar e perdoar os outros.

Coragem de viver sua própria vida

A recompensa fundamental de se tornar autêntico é que se passa a viver com criatividade e paixão. Você é a pessoa que deveria ser e faz o que estava destinado a fazer. "A autenticidade é uma excelente maneira de descrever o que é expresso em seus relacionamentos, seu trabalho e sua criatividade", diz o doutor Miller, da *Harvard Mental Health Letter*. "Penso que quando você é capaz de se expressar através de qualquer meio que escolheu, ou aonde quer que seus talentos o levaram, alcançou uma das coisas mais significativas e satisfatórias da sua existência. Seja escrever um livro, seja tocar piano, não importa. Não estou falando de belas-artes. Você pode ter uma vida criativa sendo um contador, um atleta, um médico ou um advogado."

MOMENTOS DE REFLEXÃO

O tópico da autenticidade tem sido um tema recorrente no decorrer da História. Eis algumas citações famosas e infames sobre este assunto:

Isso acima de tudo, para ser teu próprio eu verdadeiro.
— WILLIAM SHAKESPEARE (*Hamlet*)

Existe apenas uma vida para cada pessoa: a sua própria.
— EURÍPEDES

Seja quem você é e diga o que sente, pois aqueles que não se importam não têm importância e aqueles que têm importância não se importam.
— DR. SEUSS

A única tirania que aceito neste mundo é a serena voz interior.
— MAHATMA GANDHI

Mais poderoso é aquele que tem a si mesmo em seu próprio poder.
— SÊNECA

Sua visão se tornará nítida somente quando você olhar para dentro do seu coração.
— CARL JUNG

Decida ser você mesmo; e saiba, aquele que encontra a si próprio perde a infelicidade.
— MATTHEW ARNOLD

Olhe bem dentro de si; existe uma fonte de força que sempre irá jorrar se você olhar sempre ali.
— MARCO AURÉLIO

Seja sempre uma versão de primeira classe de si mesmo, em vez de uma versão de segunda classe de outra pessoa.
— JUDY GARLAND

Observe todos os homens, e mais a si mesmo.
— BENJAMIN FRANKLIN

Ninguém pode aconselhá-lo melhor do que você mesmo.
— CÍCERO

Busque aquele atributo mental específico que o faz se sentir mais profunda e vitalmente vivo, com o qual vem a voz interior que diz "Este é meu eu verdadeiro"; e quando encontrar esta atitude, siga-a.
— WILLIAM JAMES

Não faça concessões. Você é tudo o que você tem.
— BETTY FORD

Conhecer os outros é inteligência; conhecer a si próprio é a verdadeira sabedoria. Conduzir os outros é força; conduzir a si mesmo é o verdadeiro poder.
— TAO TE CHING

Nenhum pássaro voa alto demais se voar com as próprias asas.
— WILLIAM BLAKE

O que é realmente difícil, e realmente admirável, é desistir de ser perfeito e começar a se esforçar para se transformar em si mesmo.
— ANNA QUINDLEN

Ser ninguém mais além de si mesmo em um mundo que está fazendo o melhor que pode, noite e dia, para transformá-lo em outra pessoa significa lutar a mais difícil batalha que qualquer ser humano pode enfrentar; e nunca parar de lutar.
— E. E. CUMMINGS

Muitas pessoas são outras pessoas. Seus pensamentos são opiniões de outros, suas vidas um arremedo, suas paixões uma citação.
— OSCAR WILDE (*De Profundis*)

Deixe o mundo saber que você é quem é, não como você acha que deveria ser, porque mais cedo ou mais tarde, se estiver fingindo, irá se esquecer do fingimento; e então onde você foi parar?
— FANNY BRICE

A mente em forma: exercícios físicos e mentais

A mente ativa não pode existir
em um corpo inativo.

— GENERAL GEORGE PATTON

Todos sabemos que os exercícios físicos são necessários para o bom funcionamento do corpo, mas o mesmo acontece com a mente. Uma mente saudável exige um cérebro saudável, uma vez que este é o órgão da mente. No decorrer das últimas décadas muitos estudos foram feitos sobre os benefícios dos exercícios físicos para o cérebro, e nos anos recentes um crescente aumento de pesquisas sobre o corpo demonstram que os exercícios mentais — utilizando técnicas espirituais como meditação ou práticas de atividades desafiadoras — também produzem efeitos benéficos para o cérebro. Eis os essenciais para os exercícios físicos e mentais:

- Atividade física regular
- Meditação e outros exercícios mentais

Por que o cérebro precisa de exercício

Nosso cérebro é um órgão complexo que necessita de atividades regulares e estímulos para se manter sadio. Muitos de nós já conhecem os benefícios dos exercícios físicos para o corpo; dentre outros, eles reduzem o risco de pressão alta, osteoporose, obesidade, diabetes, doenças cardiovasculares, derrame e alguns tipos de câncer. E exercitar-se com regularidade também garante benefícios significativos para o cérebro.

Pesquisas mais recentes descobriram que os exercícios produzem efeitos duradouros no cérebro, segundo o doutor Michael Craig Miller, editor-chefe da *Harvard Mental Health Letter* e professor assistente de psiquiatria na Escola de Medicina de Harvard. Os exercícios regulares, diz ele, melhoram o humor, diminuem a ansiedade, beneficiam o sono e a resiliência diante de situações estressantes e elevam a autoestima. Algumas pesquisas sugerem que os exercícios podem melhorar as habilidades cognitivas como a memória, e até mesmo diminuir o risco de doenças relacionadas à idade, como o mal de Alzheimer e a senilidade. "O cérebro necessita de exercícios tanto quanto o restante do corpo", explica o doutor Miller. "Eles auxiliam o cérebro a se manter saudável. E um cérebro sadio é uma exigência para quem quer ter a mente sadia."

Estudos também demonstram que os exercícios ajudam a combater a depressão. "Um fator importantíssimo para a mente saudável é o exercício", comenta a psicóloga Joan Borysenko. "Está realmente muito claro, nas pesquisas sobre depressão, que o melhor antidepressivo é o exercício." Um conhecido estudo feito pela Universidade Duke, em 2000, sugere que os exercícios físicos regulares podem ser tão eficazes quanto os antidepressivos.

Ansiedade e depressão são problemas significativos nos Estados Unidos: cerca de 40 milhões de norte-americanos sofrem de algum tipo de distúrbio de ansiedade; destes, 18,8 milhões têm depressão, e as mulheres encontram-se no grupo de risco duas vezes mais do que os homens, de acordo com o National Institute of Mental Health.

Além de exercícios físicos regulares, a mente ainda necessita de estímulos mentais para se manter em forma. Ao contrário do que pensa muita gente, o cérebro não é estático — na verdade, ele tem uma plasticidade natural, o que significa que possui a capacidade de se remodelar em resposta a novas experiências a qualquer momento, em todo o transcorrer de nossa vida. Alguns neurocientistas dizem que ao praticar determinadas atividades relacionadas à mente você pode provocar mudanças positivas no cérebro. Por exemplo, estudos recentes demonstraram que técnicas como a meditação sem dúvida modificam o cérebro.

Um dos pioneiros nesta pesquisa é Richard J. Davidson, Ph.D., neurocientista e diretor do Laboratório W. M. para Imagem e Comportamento Funcional do Cérebro da Universidade de Wisconsin, em Madison. Graças ao encorajamento do Dalai Lama, no início da década de 1990, o doutor Davidson começou a investigar os efeitos da meditação no funcionamento do cérebro mensurando a atividade elétrica nos cérebros dos monges tibetanos quando meditavam. Ele descobriu que os monges tinham uma atividade particularmente elevada no córtex pré-frontal esquerdo, uma área do cérebro ligada a emoções positivas como a felicidade. Após muitos anos de estudo, o doutor Davidson afirma que, por meio da prática de disciplinas mentais como a meditação, podemos reprogramar os circuitos cerebrais e obter melhorias na felicidade, bem como na atenção, na memória e na concentração.

"Para mim, exercícios mentais regulares são absolutamente fundamentais, porque, na minha opinião — que acredito estar baseada nas pesquisas modernas —, qualidades como felicidade e bem-estar devem ser consideradas habilidades que podem ser treinadas", esclarece o doutor Davidson. "A ideia de que todos temos um tipo de nível fixo de felicidade ou de mau humor é totalmente inconsistente com as atuais evidências científicas. Em nossa cultura damos muito pouca atenção ao cultivo dessas qualidades como se fossem habilidades, e creio que ainda há muito a se aprender para que possamos considerá-las habilidades. Creio que isso oferece uma mensagem bastante esperançosa para as pessoas, e o fato de estar fundamentado em evidências sólidas indica que podemos mudar nossos cérebros pela transformação de nossas mentes."

O essencial: o que dizem os especialistas

Para colocar sua mente em plena forma, os essenciais são:

Atividade física regular

As evidências são claras: exercícios físicos fazem bem para a mente. Entre outros benefícios, aumentam o fluxo de sangue rico em oxigênio no cérebro, o que o deixa mais alerta e melhora sua capacidade de concentração; elevam os níveis de serotonina, um neurotransmissor no cérebro que eleva o humor; aumentam também os níveis de dopamina, um neurotransmissor associado ao sistema de prazer do cérebro; e estimulam a produção de novos neurônios (células cerebrais) no hipocampo, a área do cérebro associada à memória.

De quanto exercício você precisa, e quais são os melhores a se praticar? De acordo com o doutor Michael Craig Miller, da *Harvard Mental Health Letter*, pelo menos trinta minutos por dia cerca de cinco vezes por semana de qualquer tipo de exercício moderado — seja aeróbico, seja de treinamento muscular — produzem efeitos benéficos no cérebro. "Não importa o que você faz, contanto que faça alguma coisa", é a opinião dele. "As pesquisas demonstram que fazer algum exercício é melhor do que não fazer nada. O importante é continuar praticando. Ser consistente. Praticar uma quantidade moderada de exercícios todos os dias — ou em vários dias da semana — é melhor do que exagerar no início e depois desistir."

Se você é do tipo que adora um sofá e odeia a ideia de se mexer, a maneira mais fácil de começar é caminhando. É fácil, não exige treinamento nem equipamento, e pode ser feito em quase todo lugar. Cada vez mais as pesquisas indicam que a prática de caminhadas beneficia o corpo e a mente: diminui o risco de desenvolver doenças cardíacas, câncer de mama e diabetes, ajuda a manter o peso, controla a pressão sanguínea, diminui os níveis de colesterol "ruim", melhora o humor, alivia os sintomas da depressão e melhora a qualidade do sono. Outra vantagem: caminhar facilita também a prática da meditação — que ajuda a espairecer a mente. Você está com algum problema? Faça como os antigos romanos: *Solvitur ambulando* é um provérbio em latim que significa "solucionando pela caminhada".

Meditação e outros exercícios mentais

Como os músculos do corpo, os músculos da mente também necessitam de exercícios regulares. Técnicas espirituais como a meditação diária — usando visualização e respiração profundas — podem causar grandes melhorias à mente.

"O cérebro fica mais desperto, mais atento e alerta", explica o doutor Davidson. "A mudança produzida no cérebro é associada ao aumento da eficiência e da ativação de determinadas regiões cerebrais que, pelo que sabemos, estão envolvidas com a atenção e com a regulagem de emoções."

Porém, existem muitos tipos de meditação, e não são todos iguais. "A palavra 'meditação' é mais ou menos como a palavra 'esportes'. Refere-se a uma grande diversidade de práticas que não produzem necessariamente tipos de mudanças comparáveis", diz ele. "Estudamos uma variedade de práticas da tradição budista, e ficamos particularmente interessados pela meditação que se destina a cultivar a compaixão e pela que se destina a melhorar a atenção para facilitar a concentração e o foco."

Perguntamos ao doutor Davidson se outras técnicas contemplativas, como a oração, têm o mesmo efeito. "Ainda não temos base científica para uma afirmação definitiva. Talvez haja determinados tipos de meditação e certos tipos de oração que compartilhem algumas similaridades, embora ainda não tenhamos conhecimento de pesquisas científicas a esse respeito até agora. Sobretudo em razão de não existir nenhuma boa pesquisa sobre as mudanças cerebrais associadas à prática da oração."

Com que frequência você deve meditar? "Os dados sugerem que até mesmo um pouquinho ajuda. Muitas pessoas já disseram não ter tempo para praticar exercícios físicos, todavia agora encontraram meios de estabelecer uma rotina semanal. Eu diria que até mesmo uma pequena quantidade de prática de meditação, nem que sejam apenas dez minutos, pode produzir efeitos benéficos. E se o indivíduo é tão ocupado que insiste em não ter sequer esse tempo de sobra, eu o aconselharia a dormir dez minutos a menos. A meditação será muito mais benéfica para ele do que dez minutos a mais de sono", garante o doutor Davidson.

Além de práticas como a meditação, sua mente necessita de estímulos por meio de atividades que envolvam desafios, tais como solução de problemas e novos aprendizados — por exemplo, viajar para lugares novos, aprender a tocar um instrumento, um idioma ou uma atividade criativa, como a pintura. (Para mais informações sobre maneiras de melhorar a boa forma mental, veja "Use ou perca: mente ativa, mente saudável", na página 216.)

Podemos aprender a ser felizes?

Sim, afirma Tal Ben-Shahar, Ph.D., autor de *Seja mais feliz* e *Lasting Fulfilment*, e palestrante em Harvard, cujas aulas sobre psicologia positiva consistem no curso mais procurado na universidade. Ele diz que existem princípios-guias para a felicidade, baseados em sólidas pesquisas. Mas a busca pode ser elusiva para algumas pessoas porque elas podem estar procurando nos lugares errados.

"Algo que nunca deixa de me admirar é o fato de que, apesar das evidências em contrário — e quando digo evidências me refiro a evidências científicas e pessoais —, as pessoas ainda vivem com a presunção de que dinheiro e poder as tornará felizes", comenta o doutor Ben-Shahar. Alguns acreditam que a felicidade é encontrada em circunstâncias externas, "e esperam sempre por 'aquele algo'. Pode ser o príncipe no cavalo branco, o guru com o segredo ou o livro com a resposta — o que chamo de abordagem de contos de fada para a felicidade —, ou pode ser a próxima promoção ou o aumento de salário. Aí surge o pensamento 'tudo bem, as últimas três promoções não me tornaram feliz, mas a próxima me tornará'".

No entanto, a verdadeira e duradoura felicidade vem de dentro. Como encontrá-la? O doutor Ben-Shahar oferece estas dicas:

Cultive experiências que ofereçam prazer e significado. O doutor Ben-Shahar define felicidade como "a experiência geral de prazer e significado". Para ele, quando as experiências — através de nossos relacionamentos ou nosso trabalho — "nos fornecem um senso de propósito bem como uma sensação de alegria, experimentamos a felicidade".

Pratique exercícios regularmente. "Estudos demonstram que exercitar-se com regularidade — até mesmo um mínimo de três vezes por semana — tem o mesmo impacto que as drogas antidepressivas. Os exercícios modificam nosso humor — não somente quando as endorfinas estão se ativando, mas porque afeta nossa sensação geral de bem-estar."

Expresse gratidão. "A expressão 'muito grato' tem dois significados. O primeiro é dizer 'obrigado', reconhecer que algo foi feito em nosso favor. O segundo é de recebimento, de termos sido 'gratificados' com algo, tanto por nossos relacionamentos, por nós mesmos como pelo mundo".

Pratique meditação. Ao meditarmos regularmente "modificamos a maneira como nosso cérebro funciona, o que nos torna mais suscetíveis a emoções positivas e mais resilientes em face de emoções dolorosas. Medite no mínimo quinze minutos por dia ou pratique ioga três vezes por semana". A meditação nos ajuda a permanecer no momento presente, e isso contribui para nosso bem-estar psicológico e físico.

Desenvolva hábitos ou rituais positivos. As mudanças podem ser difíceis, e muitos veem seus esforços falharem. "Não basta ter autodisciplina. A fim de empreender mudanças que perdurem para além do temporário, é importante estabelecer rituais para manter a continuidade. É necessário criar o hábito. Faça coisas que sejam significativas e importantes para você, e as faça com frequência. O consenso é de que são necessários trinta dias para se formar um novo hábito, no entanto, uma vez que o hábito se estabelece, desaparece a dificuldade em mantê-lo."

Aceite que a vida tem altos e baixos. Emoções dolorosas também fazem parte da existência. "Uma das principais ideias de meu curso é fornecer a 'permissão' para que sejamos humanos. Existe a concepção equivocada de que a vida feliz é feita de 'altos' constantes, o que é uma interpretação errônea da felicidade. Na verdade, a vida feliz e plena é aquela em que existem sempre os altos e baixos — isso é natural. As emoções dolorosas são tão naturais quanto a lei da gravidade. Quando não as aceitamos e não nos permitimos senti-las, essas emoções simplesmente passam a nos dominar."

Reserve um momento para apreciar o perfume das flores. Tente desacelerar para simplificar sua vida. "Quando você tenta fazer mais e mais coisas em um tempo cada vez mais curto, acaba não aproveitando nada. Vá devagar. Faça como o *connoisseur* de vinhos — observe a cor do vinho, sinta o aroma, e o beba lentamente."

Aproveite a viagem. Seu destino não é o mais importante; o que importa mesmo é o processo para se chegar até lá. "É comum o pensamento: 'Serei feliz quando chegar aonde quero', mas em geral isso não acontece. É importante ter um objetivo, porém o fundamental não é alcançá-lo, e sim desfrutar todo o caminho percorrido até ele."

Mente brilhante

Sono e dieta desempenham papéis fundamentais no funcionamento do cérebro (veja a Parte I). O sono afeta a atenção, a memória, as habilidades cognitivas e o humor. O alimento afeta o cérebro de várias maneiras, liberando substâncias químicas que influenciam o estado de espírito. "Existe um interesse cada vez maior na conexão entre alimento e humor — creio que iremos ouvir mais sobre isso nos anos futuros", diz Joan Borysenko. "Acho que muitas mulheres que comem chocolate demais o usam como antidepressivo, por exemplo."

Dica geral: o que é bom para o coração também é bom para o cérebro. Artérias desobstruídas significam que o sangue, rico em oxigênio, irá fluir com facilidade para seu cérebro, sem obstáculos ao longo do caminho. Uma dieta saudável para o cérebro deve incluir alimentos com teor elevado de antioxidantes (como verduras verdes e frutas escuras como o mirtilo, que o protegem de radicais livres, nocivos às células), e ácidos graxos ômega-3 (como salmão e atum, que reduzem inflamações no corpo e mantêm as artérias desobstruídas).

Use ou perca: mente ativa, mente saudável

Conforme envelhecemos, nossas habilidades cognitivas — tais como memória, atenção e raciocínio — podem sofrer um declínio se não nos esforçamos para manter a mente estimulada por meio de leitura, novos aprendizados ou atividades mentais que exijam desafios. Durante a última década — coincidindo com o envelhecimento dos sempre jovens *baby boomers* —, teve início um grande interesse pela questão dos exercícios mentais. Hoje existem muitos sites, programas, softwares e livros dedicados a manter a mente jovem e aguçada, oferecendo de tudo, desde jogos até todo tipo de exercício.

Espírito

III.

A JORNADA INTERIOR: UM ESPÍRITO SAUDÁVEL

Não somos seres humanos passando
por uma experiência espiritual.
Somos seres espirituais passando por
uma experiência humana.

— PIERRE TEILHARD DE CHARDIN

O que é espírito? Tudo depende de para quem você pergunta. Algumas pessoas o veem como a força mística que transcende o mundo material — chamam-no de Deus, energia divina, a fonte, a consciência mais elevada, ou o amor. Outras acreditam que o espírito é nosso verdadeiro eu, a essência do que de fato somos. Outras ainda creem que é aquela voz baixa e serena que ouvem de vez em quando, em sonhos ou pela intuição. E há quem acredite que seja tudo isso e muito mais.

A espiritualidade tem sido comparada a uma jornada, uma exploração das grandes questões da vida. Quem sou eu? Por que estou aqui? Qual é o sentido da minha existência?

Existem muitas estradas ao longo da jornada. Alguns de nós encontram seu caminho por meio da fé religiosa; outros, da natureza, da meditação ou do serviço ao próximo.

A maioria dos norte-americanos se considera espiritualizada. De acordo com uma enquete de 2005, realizada pela *Newsweek/Beliefnet*, 79% (principalmente aqueles com menos de 70 anos) descreveram-se como pessoas espiritualizadas. A enquete também relatou que quase dois terços dos americanos rezam todos os dias, e quase um terço pratica meditação.

Alguns estudos demonstram que indivíduos com crenças espirituais ou religiosas costumam ter mais saúde e viver mais tempo do que os não crentes. Dentre outros benefícios, um forte sistema de crenças fornece um senso de propósito na vida, oferece conforto diante de dificuldades pessoais ou problemas de saúde, nos ajuda a lidar com o estresse e alivia o isolamento, fornecendo-nos a sensação de que fazemos parte de algo maior do que nós mesmos.

Todos temos o potencial para sermos espirituais. Porém como podemos entrar em contato com essa parte mais profunda de nós mesmos?

Nas páginas seguintes, alguns dos mais conceituados especialistas sobre o assunto oferecem suas opiniões sobre como fazer isso.

Os essenciais para ter uma vida espiritual são:

Senso de unicidade e conexão
Tempo para reflexão
Senso de reverência e admiração
Senso de propósito
Rituais significativos

Em harmonia: um senso de unicidade e conexão

Estamos presos em uma inescapável rede de mutualidade, amarrados em uma única trama do destino. O que quer que afete uma pessoa diretamente afeta a todos indiretamente.

— REVERENDO DOUTOR MARTIN LUTHER KING JR.

No núcleo de todas as grandes religiões existe um ensinamento espiritual comum: trate os outros como gostaria de ser tratado. Em outras palavras, coloque-se no lugar do seu próximo e aja de acordo. Esta é a Regra de Ouro, a base fundamental da ética e moralidade. Trata-se de sentir uma profunda conexão com a humanidade como um todo e um senso de responsabilidade para ajudar aqueles que necessitam — "suportar a carga de outrem", como diz a Bíblia. O ponto é que, apesar de nossas diversidades e diferenças, todos fazemos parte da família humana. Estes são os essenciais para unicidade e conexão:

- Compaixão por todos os seres vivos
- Transcendência de si mesmo e um saudável senso do eu
- A capacidade de perdoar os outros e a nós mesmos
- Senso de companheirismo

Por que precisamos do senso de unicidade e conexão

Todos somos criaturas sociais, que precisam se relacionar com outras. Nossa sobrevivência depende disso: a conexão humana é fundamental para a saúde física e mental. Mais e mais evidências demonstram que aqueles que possuem fortes redes sociais — que têm um senso de apoio emocional — são mais saudáveis e felizes, e vivem mais tempo.

A conexão humana também é uma das bases para a espiritualidade. Quando temos o senso de companheirismo com outras pessoas, aprendemos a transcender nosso "eu" — vendo que somos todos apenas um em espírito. O renomado monge trapista Thomas Merton certa vez disse: "O amor é nosso verdadeiro destino. Não encontramos o significado da vida sozinhos e isolados, mas sim com o outro." Quando temos o senso de unicidade com os demais, quando nos identificamos com suas necessidades ou seu sofrimento, encontramos o verdadeiro significado do amor e da compaixão — e nos sentimos mais próximos da presença divina.

"Um dos principais objetivos de todas as tradições espirituais que conheço é que há uma necessidade de os seres humanos irem além de si mesmos, de terem a percepção da existência de algo maior, mais poderoso e mais sábio que si mesmos", afirma o doutor Larry Dossey, autor de *As palavras curam* e *O poder de cura das coisas simples: saúde e felicidade sem remédios ou cirurgia*. "Como Ravi Ravindra, mestre e escritor, coloca: 'Espiritualidade não é sobre liberdade para si mesmo, é sobre a liberdade de si mesmo.' Esta afirmação encontra eco em todas as grandes religiões, pois todas elas possuem algum tipo de Regra de Ouro que enfatiza o amor, a compaixão e a identificação com as necessidades do próximo."

O essencial: o que dizem os especialistas

Ter um senso de unicidade e conexão com outros — e consigo mesmo — é parte fundamental da jornada espiritual. Os essenciais para isso são:

Compaixão por todos os seres vivos

A compaixão é a pedra fundamental do amor e da ética. É a capacidade de compreender e se identificar com o sofrimento de outros seres humanos e ter um senso de responsabilidade para aliviar esse sofrimento por meio de atos de bondade e generosidade.

A compaixão não apenas se estende às pessoas a quem amamos, mas também a toda a família humana. Em seu centro está a crença de que somos todos um em espírito. "Nunca se esqueça de que todo ser humano foi criado à imagem de Deus", diz o rabino Harold S. Kushner, autor de *Quando coisas ruins acontecem a pessoas boas* e *Que tipo de pessoa você quer ser?*. "Isso significa que os bem-sucedidos, os desagradáveis, os física e mentalmente incapacitados, os muito jovens e muito velhos — cada um deles é portador da imagem de Deus."

Ter consciência disso nos deixa mais próximos do divino. "Quando você realmente chega ao ponto de se importar e sentir empatia genuína pelos outros, percebe um senso de unidade ou unicidade com eles", explica o doutor Dossey. "Em um determinado estágio, você não está apenas fazendo o bem ou sendo bondoso, mas sim sentindo empatia e compaixão por si mesmo, porque identificou-se tão completamente com o resto do mundo que não existe mais diferença, não existem barreiras. Para aqueles que de fato compreendem, esta é uma certeza permanente de que estão nisso com todos os outros, que não há separação entre eles."

Um elemento-chave para se tornar compassivo é retribuir com serviços ao próximo. "A espiritualidade é pessoal e pública, não se pode separar os dois", enfatiza o reverendo Otis Moss III, pastor da Igreja Trindade Unida de Cristo em Chicago, e convidado habitual de Naomi Judd no programa *New Morning Show* do Hallmark Channel. "Não se pode ter amor sem compaixão — identificar-se com a dor de outra pessoa e ver-se conectado com sua luta pessoal. Como você expressa isso? Como vivencia isso? Por meio do serviço ao próximo em sua comunidade. Dessa forma você se conecta com o sagrado."

Transcendência de si mesmo e um saudável senso do eu

Esta afirmação pode parecer contraditória, porém não é. "O princípio básico de todas as legítimas tradições de sabedoria é transcender o próprio eu, ou ego", ensina o doutor Dossey. Transcendência significa chegar mais perto do nosso eu mais profundo, livrando-nos de obstáculos que impedem o desenvolvimento espiritual — vaidade, materialismo, ganância e a busca desenfreada de poder e perfeccionismo, por exemplo. Ao mesmo tempo, a Regra de Ouro nos diz que devemos amar ao próximo como a nós mesmos. O amor por nós mesmos não é egoísmo, mas sim aceitar quem realmente somos — nossas qualidades, bem como nossas fraquezas — e acreditar que somos seres de valor dignos de amor.

"Um amadurecido senso do eu é fundamental para se progredir no caminho espiritual", segundo o doutor Dossey. "Existe a máxima que diz: 'Para transcender seu ego, primeiro você precisa ter um ego.' Existe uma enorme sabedoria nesta afirmação. É necessário que você tenha um senso de si mesmo como indivíduo de valor." Para muitos — sobretudo as mulheres, que tendem a se dedicar mais a outras pessoas —, às vezes é mais fácil amar e cuidar dos outros do que de si próprio. No entanto, devemos nos lembrar de que nós também fomos feitos à imagem de Deus, e a mesma compaixão, bondade e compreensão que demonstramos aos semelhantes devem ser demonstradas a nós mesmos.

"Incluída neste mundo há uma pessoa extremamente preciosa e importante, que é você, e que também tem de ser bem cuidada e bem tratada", afirma Elizabeth Gilbert, autora de *Comer, rezar, amar*. "Não estou dizendo que você deve negligenciar seu serviço voluntário na 'sopa dos pobres', porém muitas vezes descobrirá que há uma parte sua que está parada ali, com o prato vazio."

A capacidade de perdoar aos outros e a nós mesmos

Ao sermos feridos ou injustiçados por alguém — por um membro da família, um cônjuge ou um estranho — pode se tornar muito difícil lidar com os sentimentos residuais de raiva, ódio, amargura ou vingança, que são muito poderosos, e por isso podem impedir o avanço de nossa vida espiritual, nos desligando do amor e da conexão.

No entanto, feridas profundas demoram a cicatrizar — e a recuperação talvez exija algum tipo de orientação profissional ou religiosa. O motivo: agarrar-se a essas poderosas emoções negativas é nocivo não apenas para o espírito, mas, de acordo com pesquisas, também para a saúde da mente e do corpo.

O perdão é a disposição de se libertar de ressentimentos e hostilidades que nutrimos por outrem, causados por injustiças ou maldades que nos foram infligidas. Ele tem o poder de criar um caminho na direção da reconciliação. Mas talvez isso não ocorra, pois às vezes o outro não reconhece nem aceita a responsabilidade por suas ofensas. Contudo, isso não importa. O perdão nos fornece a libertação, a chance de superar transtornos emocionais, de nos curarmos e seguirmos em frente. Claro, não é um processo fácil; temos de estar preparados. "Quando alguém nos fere profundamente, pode-se levar muito tempo para processar os sentimentos e nos libertarmos de emoções como vingança e retaliação", explica o doutor Arthur Caliandro, ministro sênior da Igreja Marble Collegiate na cidade de Nova York e autor dos livros *Simplificando a vida* e *Make Your Life Count*. "Mas quando perdoamos, libertamo-nos do domínio negativo que o outro exercia sobre nós." Porém, talvez precisemos de ajuda para fazer isso. "Não acredito que, para as grandes injustiças e mágoas da vida, possamos perdoar por nós mesmos. Precisamos da intercessão e participação de Deus", completa ele.

Quase todas as grandes tradições espirituais do mundo ensinam o perdão. "O perdão está no núcleo da fé cristã", comenta o doutor Caliandro. "Se Jesus não tivesse perdoado aqueles que lhe tiraram a vida, não teria havido a ressurreição. Ele teve de ser claro e puro em sua atitude em relação aos semelhantes."

Se não conseguimos nos livrar dessas emoções negativas, elas acabam nos cobrando um preço bem alto. "Apegar-se à raiva é como segurar um pedaço de carvão em brasa com a intenção de atirá-lo em alguém, mas é você quem se queima", é o ensinamento de Buda.

"Quando você não consegue perdoar, acaba carregando uma enorme e pesada carga que o impede de atingir seu pleno potencial humano", garante o reverendo Moss. "Nesse caso, está outorgando poder a outra pessoa ao dar a ela a capacidade de destruí-lo. O perdão permite que você veja a situação de maneira diferente, mudando o ângulo da visão. O perdão é mais para você mesmo do que para o outro. Ele o deixa livre, aliviado, e liberta seu espírito."

Agarrar-se a velhas feridas — às vezes por séculos — está no centro de muitos conflitos mundiais, segundo o doutor Dossey. "Pense no que acontece quando as pessoas não conseguem perdoar e esquecer. A Bósnia lembrou-se da derrota na Batalha de Kosovo no século XIV, e o ódio persistente desempenhou um papel importante na guerra mais recente. E a Alemanha não conseguiu esquecer a derrota e a humilhação que sofreu na Primeira Guerra Mundial, o que levou o país direto para a Segunda Guerra. O mundo não teria se tornado melhor se tivesse havido um pouco de perdão em cada um desses casos?"

Como alcançamos o perdão? "Perdoar não significa apagar totalmente da mente o mal que lhe foi feito, mas esquecer de forma que a lembrança não desencadeie a raiva, a hostilidade, a agressão e o impacto negativo na saúde mental e física, que é gerado por tudo isso", ensina o doutor Dossey. "Isso acontece quando aprendemos a substituir a raiva, a hostilidade e o ódio pela tolerância, pela empatia e pelo amor."

O processo de perdoar também se estende a nós mesmos. Podemos nos prender durante anos a sentimentos de culpa, raiva, ódio e vergonha — por erros do passado para os quais fomos induzidos pelos outros, ou pelos que foram cometidos por nossas próprias atitudes. Portanto, ofereça a si próprio o mesmo perdão que concede aos demais.

Senso de companheirismo

Ser parte de um grupo que compartilha as mesmas ideias e os mesmos pensamentos nos dá a sensação de acolhimento, de pertencer a um lugar, de participação em algo maior que nós. Muitas tradições religiosas acreditam que estar em companhia de outros fiéis — participando de cultos comunitários em uma igreja, sinagoga ou mesquita — fornece a conexão de uns com os outros e com a presença divina.

"Deus é acessível em todos os momentos e por muitos caminhos, mas é muito mais fácil encontrá-lo em companhia de outras pessoas que buscam o mesmo", diz o rabino Kushner. "Todos precisamos de comunidade. Essa talvez seja a coisa mais valiosa que o envolvimento religioso faz para o cultivo da alma — nos fornecer a comunhão."

É claro que você não tem de fazer parte de uma congregação religiosa para ter o senso de companheirismo com os demais. Se preferir, una-se a um grupo de meditação ou de oração, participe de retiros espirituais ou se coloque em contato com a natureza. Se não quer fazer parte de um grupo, você pode servir à sua comunidade oferecendo-se como voluntário em um hospital local, em albergues públicos, asilos, ou entregando refeições para idosos, ensinando crianças a ler, limpando parques e jardins, ou pintando a escola da sua cidade. (Veja "Trabalho que alimenta a alma", na página 228.)

A regra de ouro com qualquer outro nome

Quase todas as principais religiões do mundo compartilham um ensinamento em comum: trate seu próximo como você gostaria de ser tratado. Eis aqui algumas citações de diversas formas de fé:

Judaísmo: "Não deves proceder vingança, ou guardar nenhum rancor contra os filhos do teu povo; mas deves amar teu próximo como a ti mesmo: eu sou Jeová." — LEVÍTICO 19:18.

Budismo: "Não atormentes o próximo com o que te aflige." — UDANAVARGA 5,18.

Cristianismo: "Portanto, tudo o que os homens fazem a ti, ainda assim eles fazem também a si mesmos: pois esta é a lei e estes são os profetas." — MATEUS 7:12.

Hinduísmo: "Esta é a soma do dever; não faças aos outros o que não gostarias que fizessem a ti." — MAHABHARATA 5, 1517.

Confucionismo: "Não faça a outros o que não gostaria que fizessem a você. Então não haverá ressentimento contra você, seja na família seja no estado." — ANALECTOS 12:2.

Islamismo: "Nenhum de vós é fiel até desejar para vosso irmão o que desejais a vós." — SUNNAH.

Fontes: Bíblia Sagrada (American Standard Version) e www.religioustolerance.org.

Trabalho que alimenta a alma

Você sabia que mais de 65,4 milhões de norte-americanos se dedicam a trabalhos voluntários? Uma das melhores maneiras de olhar para fora de nós mesmos é nos concentrarmos em colaborar com os mais necessitados. Ajudando outros você ajuda a si mesmo — porque aquele que doa recebe muito mais em retribuição.

Existem muitas formas de abrir seu coração — ajudando vítimas de desastres, lendo para os cegos ou ensinando um idioma. Qualquer que seja sua área de interesse, você pode encontrar centenas de oportunidades de voluntariado no mundo todo. É tão simples quanto acessar um site.

Águas serenas: tempo para reflexão

Na atitude de silêncio a alma encontra o caminho sob a luz mais clara, e o que é ilusório e enganador soluciona-se em nitidez cristalina.

— MAHATMA GANDHI

Um dos bens mais valiosos da vida moderna é o tempo. Vivemos governados pelo relógio — equilibrando as exigências de trabalho, família e tarefas domésticas. Com tantas responsabilidades e distrações (televisão, computadores e celulares, para nomear apenas algumas), pode se tornar difícil encontrar tempo para nos dedicarmos ao nosso lado espiritual. Muitas vezes aquela vozinha baixa e serena não consegue ser ouvida em meio a tanto burburinho, com todas as suas preocupações e solicitações. Mas a voz está presente. Para ouvi-la com mais nitidez, devemos ficar em silêncio e escutar. Os essenciais para a reflexão são:

- Meditação, oração ou contemplação
- Leitura
- Escrita ou outras atividades criativas

Por que precisamos de tempo para reflexão

Somos mais do que somente nossos corpos. Somos também seres espirituais que anseiam por compreender as questões fundamentais sobre o propósito e significado da nossa existência. A maioria dos seres humanos, mesmo aqueles que não tenham plena consciência disso, anseia por se conectar com algo mais profundo — que pode ser chamado de alma, a fonte, ou o divino. Não importa o nome, ele habita o interior de cada um de nós. Como disse o escritor Hermann Hesse: "Em seu interior existem uma serenidade e um santuário aos quais é possível se recolher a qualquer momento e ser você mesmo."

Encontrar essa voz baixa e serena não é fácil no frenético mundo atual. Algumas pessoas podem passar a vida inteira sem ouvi-la porque o processo de escutar talvez envolva sentimentos desconfortáveis.

"A voz é abafada pelos ruídos de todas as coisas que temos de fazer. E a cada ano a lista dessas coisas cresce mais e mais", afirma Elizabeth Gilbert.

Mas, a fim de nos conectarmos conosco e com a energia espiritual, devemos nos recolher, ficar em silêncio e ouvir. "Precisamos de tempo quando não estamos em movimento, quando a atenção não está desviada do si mesmo", diz Gilbert. "Há uma expressão zen que diz que não é possível enxergarmos nosso próprio reflexo na água em movimento, somente em águas serenas."

Quando reservamos um tempo para refletir, desligamo-nos das distrações que embaçam nossa mente. Temos, assim, mais claridade.

"Ter um tempo para refletir é uma das chaves para a espiritualidade", garante o doutor Arthur Caliandro, ministro sênior da Marble Collegiate Church em Nova York e autor de *Simplificando a vida* e *Make Your Life Count*. "Existe um enorme poder nos momentos silenciosos. Já foi dito que a música é o silêncio entre as notas. E Deus é encontrado nas pausas, nos silêncios."

A serenidade — tanto aquela que encontramos na oração, na meditação ou em uma caminhada por um bosque — nos permite uma receptividade maior ao divino.

O essencial: o que dizem os especialistas

Para se tornar mais reflexivo, os essenciais são:

Meditação, oração ou contemplação

Às vezes é necessário fechar os olhos para vermos melhor. Praticar a reflexão não significa viver em isolamento ou entrar para um mosteiro. Basta reservar apenas alguns minutos de seu dia para parar e conectar-se consigo mesmo. Uma das melhores maneiras de se fazer isso é por meio de práticas tranquilas como meditação, oração ou contemplação consciente. Quando serenamos, relaxamos e, em consequência, nos tornamos mais receptivos.

"É claro que Deus existe em toda parte, contudo é quando você se abstrai do mundo que consegue perceber isso e responder", Gilbert explica. "Os antigos místicos diziam que a oração é a corda de alaúde que conecta a humanidade ao divino. Quando você toca uma extremidade da corda surge uma resposta vibracional na outra extremidade. E isso funciona também na outra direção. Quando o divino está tentando se comunicar com você, dá-se uma reverberação nessa corda de alaúde. Entretanto, se você não tiver o tempo para isso e o espaço para receber essa vibração, não irá senti-la."

"Quer você chame de meditação, contemplação ou oração, há um momento em que deve se sentar, ficar em silêncio e ouvir", diz o doutor Larry Dossey. "Mas não precisa ser nenhum comportamento místico ou esotérico."

Por exemplo, comungar com a natureza — caminhar em um bosque, na praia ou mesmo em um parque de sua cidade — pode ser uma experiência contemplativa que nos leve a um lugar mais elevado. "A natureza abre o coração e revela a preciosidade do mundo", diz o doutor Dossey.

Leitura

Outro modo de reflexão é expandir a mente através de algum estudo inteligente. Se você está interessado em espiritualidade, leia o máximo que puder sobre o tema. Isso inclui a leitura de textos religiosos, bem como de literatura inspiradora.

"Aprendi que grande parte da minha espiritualidade foi desenvolvida pelo estudo", afirma Thomas Moore, autor de *O que são almas gêmeas?* e *O self original — Meditações — Vivendo com o paradoxo e a originalidade*. "Então, para mim, isso significa estudar as tradições religiosas do mundo. Não basta alguém dizer: 'Vou desenvolver uma vida espiritual' e pegar na livraria o mais recente sucesso sobre espiritualidade. A melhor atitude é ler os textos clássicos como o *Tao Te Ching* da China, os sutras budistas, os grandes poemas da tradição sufista, os grandes místicos cristãos ou os grandes comentários judaicos no Antigo Testamento. Portanto eu diria que se tornar conhecedor de espiritualidade pelo estudo de tudo o que vemos por aí é apenas bobagem."

Outros tipos de literatura, como poesia ou biografias de pessoas de destaque, também elevam o espírito. "Sou um leitor voraz", diz o doutor Dossey. "Ler sobre a vida de indivíduos que conseguiram realizar e transcender é algo imensamente inspirador para mim."

Escrita ou outras atividades criativas

Entrar em contato com nossa energia criativa pode ser uma das mais elevadas formas de autorreflexão. A disciplina de escrever diariamente — mantendo um diário — é uma excelente forma de nos conectarmos com nosso interior. "Qualquer coisa que você fizer para praticar a intimidade consigo mesmo é útil, e escrever um diário é algo que tenho feito por toda a minha vida", comenta Gilbert. "Acho que um diário ativo, no qual colocamos sempre perguntas como 'Quem sou eu, por que estou aqui, qual é o meu propósito?', para tentar com muito esforço respondê-las, ajuda a abrir nossas portas interiores." E acrescenta: "Um diário é como uma jornada pessoal, um tipo de expedição que fazemos para dentro e para fora de nós mesmos."

Se você quiser manter um diário, tente escrever da maneira tradicional: caneta e papel. Em seu livro *Criatividade, a mina de ouro*, a autora Julia

Cameron afirma que "Estamos em uma peregrinação, e escrever à mão nos permite examinar mais atentamente a jornada que empreendemos".

Outras atividades criativas — como ouvir música ou tocar um instrumento, pintar, desenhar, ou qualquer que seja o tipo de arte que lhe desperte interesse — podem incitar a alma e levá-lo para fora de si mesmo, a um lugar mais espiritual. "Gostaria que todos se permitissem descobrir os tesouros escondidos dentro deles e acreditar que essa é uma maneira valiosa de passar um pouco do seu tempo de vida, porque acredito que isso é o mais próximo que conseguimos chegar do divino", diz Gilbert.

Recantos de folga para a alma

A ideia de um retiro espiritual — estar em um lugar sagrado onde podemos refletir, rezar ou meditar em silêncio, fazendo parte de uma comunidade, sem as distrações do mundo — é prática comum em muitas tradições religiosas. Um tempo de folga para sua alma pode ser uma excelente maneira de aprofundar a espiritualidade.

Profunda reverência: um senso de admiração e encantamento

Existem duas formas de viver a vida.
Uma é não acreditando em milagres;
a outra é vendo tudo como um
milagre.

— ALBERT EINSTEIN

Não há como negar o fato de que a vida é cheia de responsabilidades e pressões. Contudo, às vezes ficamos tão limitados em nossa visão do mundo que perdemos a noção de toda a majestade que nos rodeia. Esquecemos de nos admirar com uma flor que desabrocha, com o sol nascendo ou com as batidas de nosso próprio coração. Porém, de vez em quando temos um daqueles momentos claros como cristal, nos quais percebemos como tudo isso é admirável. Para mim, costuma acontecer em certas noites na praia em Amagansett, Nova York, quando observo as estrelas. Devemos guardar esses momentos, porque eles nos inspiram uma sensação de admiração e encantamento que é um dos caminhos que levam ao divino. Os essenciais para a admiração e o encantamento são:

- Uma profunda apreciação da natureza e do mundo
- Um senso de reverência pela vida
- Uma atitude de abertura
- Um sentimento de gratidão

Por que precisamos de admiração e encantamento

Admiração é uma sensação de assombro (às vezes até de medo) inspirada quando testemunhamos algo verdadeiramente sublime ou magnífico. Uma inspiração universal de admiração é a natureza — em sua beleza única, em sua variedade e mistério, bem como em seu poder feroz (vejam a força destruidora de vulcões, tempestades, terremotos, tsunamis e assim por diante).

Ter o senso de admiração e encantamento é essencial para a espiritualidade porque nos faz lembrar de que existe algo maior do que nós mesmos. A admiração induz à humildade.

"Quando observamos todas as complexidades da criação — os seres humanos, o sistema solar, o nosso ecossistema, o microuniverso de células e átomos —, tudo nos inspira grande admiração", comenta o reverendo Otis Moss III, pastor da Trinity United Church of Christ em Chicago, e convidado habitual de Naomi Judd no programa *New Morning Show*, no Hallmark Channel.

Uma das desvantagens da vida moderna é que o contato com os ciclos da natureza passou a ser muito limitado. A grande maioria vive em centros urbanos ou próximo deles — não vemos o sol nascer nem se pôr, e não conseguimos enxergar as estrelas porque as luzes das cidades as escondem.

Acabamos nos tornando tão autoenvolvidos que muitas vezes perdemos a consciência de toda a magia que nos rodeia. Em seus tempos de estudante no Seminário Teológico Judaico na cidade de Nova York, o rabino Harold S. Kushner, autor de *Quando coisas ruins acontecem a pessoas boas* e *Que tipo de pessoa você quer ser?*, teve como um de seus professores o renomado teólogo Abraham Joshua Heschel, que escreveu extensivamente sobre a importância da admiração e do encantamento no relacionamento com o divino. "A mensagem de Heschel era que a alma religiosa de fato se inicia com o senso de encantamento e admiração, e se perdermos isso a verdadeira espiritualidade talvez se torne impossível", esclarece o rabino Kushner. "Eu me recordo de que certa noite ele entrou na sala de aula e disse: 'Algo impressionante aconteceu enquanto eu vinha para cá.' Todos os alunos se interessaram: 'O que foi?', quiseram saber. E Heschel respondeu: 'O pôr do sol. O sol se pôs e ninguém na Broadway percebeu.'"

Encontrar tempo para reparar nos mistérios e nas maravilhas que nos rodeiam pode ser difícil numa sociedade altamente tecnológica e onde tudo acontece numa velocidade espantosa. Elizabeth Gilbert, autora de *Comer, rezar, amar*, dá sua opinião: "Esta é uma cultura em que o que importa é a produtividade. Não a critico; afinal, ela nos proporciona coisas fantásticas. No entanto, como alguém que viveu em culturas onde a produtividade não existe, afirmo que há muito a se dizer a esse respeito. Porém, ela tem um custo, e o custo é a ideia da serenidade."

Numa sociedade que, em constante movimento, é difícil parar e prestar atenção, fazer coisas demais e ter coisas demais pode entorpecer o espírito. Começamos a achar que tudo é fácil e garantido. Entretanto, os mistérios estão por toda nossa volta — só é necessário que tenhamos tempo para olhar com uma visão renovada.

"Tudo o que o leva a entrar em contato com os mistérios do mundo é essencial para a vida espiritual", compartilha Thomas Moore, autor de *O que são almas gêmeas?* e *O self original — Meditações — Vivendo com o paradoxo e a originalidade*. "Hoje temos um problema porque a ciência quer explicar tudo. E é preciso resistir à tendência de sermos totalmente científicos. Podemos ser sofisticados cientificamente, mas, ao mesmo tempo, cultivar um senso de admiração pela natureza, e não nos sentirmos compelidos a explicá-la, ou a aceitar toda e qualquer explicação."

O essencial: o que dizem os especialistas

Como cultivar admiração e encantamento? É simples: pare, olhe e escute. Em outras palavras, fique tranquilo e atento, e sintonize-se com o mundo de uma maneira nova. Os essenciais para isso são:

Uma profunda apreciação da natureza e do mundo

Em algum momento da vida muita gente se pergunta: como tudo isso surgiu? A beleza do planeta, o ar que respiramos, o intricado desenho de um floco de neve, a vastidão do espaço — tudo neste Universo, desde o mais ínfimo ao maior elemento, tudo inspira admiração. Se você se aflige com o desgaste do mundo, pense no seguinte: este é apenas um planeta em uma galáxia em meio a centenas de bilhões de outras galáxias; somente este fato é capaz de nos deixar perplexos.

"É um espetáculo deslumbrante", diz Elizabeth Gilbert. "Às vezes vejo os pombos voando e penso: 'E se eu nunca tivesse visto um pássaro e, de repente, deparasse com um?' Seria a coisa mais admirável que eu teria visto, a mais milagrosa. E ainda assim nós não reparamos neles. Creio que tudo volta à questão do tempo e da serenidade, de sermos capazes de parar e olhar em torno e nos admirarmos."

Para despertar esse senso de admiração é necessário tentar ver o mundo como se fosse pela primeira vez, experimentá-lo como fazem as crianças. "Quando éramos crianças o mundo parecia tão maravilhoso e admirável!", comenta o doutor Arthur Caliandro, ministro sênior da Marble Collegiate Church na cidade de Nova York e autor de *Simplificando a vida* e *Make Your Life Count*. "Quando adultos, temos de continuar cultivando essa admiração e nos permitir nos maravilhar, pois isso nos leva a uma dimensão espiritual."

Um senso de reverência pela vida

"Tendo reverência pela vida nós entramos num relacionamento espiritual com o mundo", disse o humanitarista e ganhador do Prêmio Nobel da Paz doutor Albert Schweitzer. "Praticando a reverência pela vida nós nos tornamos bons, profundos e vivos."

A reverência é o respeito e a apreciação profundos pelo mistério da existência em si. Você pode começar a praticá-la vendo a maravilha em si mesmo e nos outros seres humanos: o fato de existirmos. O fato de que você é uma maravilha da criação: de que seu coração bate 100 mil vezes por dia e de que você respira 40 milhões de vezes por ano; de que seu corpo é formado por um complexo grupo de sistemas que trabalham todos juntos; de que você é corpo, mente e espírito.

"Nós precisamos ter autoadmiração", enfatiza Gilbert. "Não necessariamente porque eu sou eu, mas porque simplesmente sou. Dentro do seu ser existe um manancial de maravilhas fenomenais, e a prova disso é o fato de que você existe. O simples ser e existir já é algo miraculoso. Que coisa é a vida!"

Uma atitude de abertura

Ter admiração e encantamento exige mente aberta — isso e um senso de curiosidade, além da consciência de que não existem absolutos, de que ainda há muitas coisas novas a aprender, não importa nossa idade e nosso grau de instrução. A abertura é o oposto da arrogância e da rigidez. "Significa estarmos abertos aos mistérios do mundo que nos rodeia", diz Moore. "Você não pode achar que sabe tudo e ser uma pessoa espiritualizada." Ele fala sobre seu livro, *The Soul's Religion: Cultivating a Profoundly Spiritual Way of Life*: "Eu o iniciei com imagens de vazios, como o Panteão em Roma, cuja maior parte é de espaços vazios. Não há teto. Portanto, se chove quando a pessoa está no templo, ela se molha. Essa é uma imagem para a mente aberta. É uma atitude de estar aberto para a vida como ela vem, e aberto à variedade da vida quando ela surge."

Um sentimento de gratidão

Abundância e beleza nos cercam — na natureza e em nossa vida pessoal —, mas às vezes falhamos em notar. Quando não damos valor às coisas desenvolvemos um senso de egoísmo: nos tornamos enfastiados e exauridos — o oposto exato de sentir admiração e encantamento. Porém, quando reconhecemos e agradecemos por tudo o que temos — o ar que respiramos, as pessoas em nossa vida, nosso alimento, nosso trabalho, e assim por diante —, tornamo-nos mais abertos para receber as bênçãos da existência e, em consequência, ficamos mais próximos da presença divina. Um coração agradecido nos ajuda a ver o mundo de outra forma.

"Acho que a gratidão é uma consequência natural do encantamento", reflete Elizabeth Gilbert. "Eu mesma fiz disso uma prática. Todas as noites, antes de dormir, reservo trinta segundos para dizer que tudo é uma maravilha — tudo: desde o fato de ter um teto sobre minha cabeça até o de estar respirando este oxigênio que me mantém viva; agradeço por tudo isso —, e depois afirmo que irei desaparecer no sono, o que também é uma maravilha."

A gratidão deve ser praticada como um tipo de disciplina espiritual, como uma oração, segundo os especialistas. "Está ligada à oração e à meditação", esclarece o doutor Larry Dossey, autor de *As palavras curam* e *O poder de cura das coisas simples: saúde e felicidade sem remédios ou cirurgia.* "Todas as manhãs, quando me levanto da cama, faço uma pequena oração de agradecimento. Para mim, tornou-se inconcebível fazer uma refeição e não dizer em silêncio algumas palavras de gratidão."

Reconhecer as bênçãos que recebemos nos torna mais receptivos a outras bênçãos. "Todos nós temos dores e problemas", comenta o doutor Caliandro. "Mas neste país somos tão abençoados, nossas taças transbordam tanto, que precisamos agradecer por isso todos os dias quando nos levantamos de manhã, mesmo se estivermos nos sentindo mal."

Alguns motivos de admiração

Você sente que em sua vida não há nada com que se admirar? Pois veja aqui apenas algumas das muitas maravilhas do Universo:

- Existem cerca de 100 bilhões de estrelas em nossa galáxia, a Via Láctea e um número estimado (ninguém sabe com certeza) de 500 bilhões de galáxias no Universo.
- Cada floco de neve é único.
- O pé humano, um prodígio de engenharia, tem 56 ossos e duzentos ligamentos.
- Existe uma quantidade estimada de 10 quintilhões (um número com 18 zeros) de insetos no mundo, mas somente 1 milhão ou mais foram identificados.
- A baleia-azul é o maior animal da Terra — algumas podem pesar até 160 toneladas.
- Seu coração bate cerca de 100 mil vezes por dia e 40 milhões de vezes por ano.
- Nosso cérebro tem mais de 100 milhões de células nervosas.

Maneiras de abrir o coração

- Expresse gratidão diariamente, seja sob a forma de oração seja meditação.
- Preste algum tipo de serviço voluntário, dedicando umas poucas horas a algum hospital, igreja, sinagoga ou instituição de caridade, para ajudar os menos afortunados.
- Pratique atividades que elevam o espírito — tente passar algum tempo em contato com a natureza, leia livros inspiradores, escute boa música ou visite museus.
- Junte-se a uma comunidade que compartilhe de seus anseios e buscas — uma igreja ou um grupo de meditação.

- Crie um espaço sagrado ou um altar, em sua casa, para meditação, oração ou contemplação silenciosa.
- Pratique atos de bondade, compaixão e perdão.

Palavras inspiradoras para o dia a dia

Como você pode se tornar mais espiritualizado? Comece o dia com citações e afirmações inspiradoras, que você pode conseguir na internet, em livros ou filmes.

A bússola interior: senso de propósito

Um homem sem propósito é como
uma embarcação sem leme.

— THOMAS CARLYLE

Quem sou eu? Por que estou aqui? Para onde vou? Todos procuramos respostas para estas perguntas em nossas jornadas espirituais. Alguns descobrem bem cedo o caminho por onde devem seguir, enquanto outros parecem jamais encontrar o rumo certo. Podemos ter tudo o que o dinheiro e o sucesso nos proporcionam e ainda assim pensar: "É só isso o que existe?" Quando temos o senso de propósito, nossa vida tem significado. É como um projeto para sermos tudo o que estamos destinados a ser. É como encontrar a verdade. Os essenciais para o senso de propósito são:

- Uma crença de que a vida tem sentido
- Uma crença de que você está cumprindo seu propósito

Por que precisamos do senso de propósito

Muitas pessoas nem sequer sonhariam em se dirigir para um destino desconhecido sem consultar um mapa rodoviário ou um sistema de navegação. Então por que vivemos nossa vida sem saber para onde vamos? Em certos aspectos, o senso de propósito é como um mapa rodoviário ou um sistema de navegação, porém vai muito além disso. Trata-se de descobrir para onde vamos e por que nessa direção. É a própria essência da vida, ou seja, o que faz com que a vida valha a pena.

Cada um de nós possui uma vocação única e elevada.

"Existe um motivo para estarmos aqui", afirma o doutor Arthur Caliandro, ministro sênior da Marble Collegiate Church na cidade de Nova York e autor de *Simplificando a vida* e *Make Your Life Count.* "Um dos desafios espirituais é descobrir o sentido da vida. Ao encontrar o sentido, o indivíduo encontra a verdade. É uma experiência muito espiritual. Não estou falando sob o ponto de vista religioso, pois religião relaciona-se a instituições. Eu me refiro a quem somos como seres humanos, e como almas."

O doutor Caliandro fala sobre Pierre Teilhard de Chardin, um jesuíta francês que era místico e cientista. "Chardin procurava a verdade. Ele disse: 'Não somos seres humanos tendo uma experiência espiritual. Somos seres espirituais passando por uma experiência humana.' O que isso significa? Estamos aqui por um período de tempo muito breve. Perante as eras e eras da história não passamos de pequenos pontos no espectro. Viemos de um lugar espiritual e a ele retornaremos."

Quando nos conectamos ao nosso "lugar" espiritual, começamos a enxergar nossa existência de maneira diferente. Damo-nos conta de que fazemos parte de algo maior — que nosso senso de propósito está acima e além de nós mesmos, nas coisas que alimentam nossa alma e nos fazem sentir mais próximos do espírito divino.

O essencial: o que dizem os especialistas

Ter um senso de propósito é parte integral da espiritualidade. Os essenciais são:

Uma crença de que sua vida tem sentido

Isso está ligado à pergunta mais antiga do mundo: por que estou aqui? Todos desejamos sentir que nos encontramos neste mundo por um motivo, que fazemos diferença e que nossa vida tem valor. "Todos querem que suas vidas tenham importância e significado", diz o doutor Caliandro.

Como encontramos o significado? Este é o desafio da jornada de todos nós e, é claro, o que serve para uma pessoa não servirá para todas. Todavia, veja as coisas simples que nos dão uma sensação de alegria e nos conectam com o espírito divino: oração ou meditação; prestar serviços ao próximo; relacionamentos com família, amigos e comunidade; valorização da natureza; trabalho satisfatório.

O significado encontra-se naquilo que nutre a alma, e não na vaidade. "Nos Estados Unidos não reservamos um tempo para refletir muito sobre os valores reais que fazem a existência valer a pena", comenta o reverendo Otis Moss III, pastor da Trinity United Church of Christ em Chicago e convidado habitual de Naomi Judd no programa *New Morning Show* do Hallmark Channel. "Pensamos mais em termos de 'como vou obter algo em um nível externo que demonstre que tenho um propósito — um carro maior, uma casa maior ou roupas mais caras?'."

Ter um propósito não quer dizer que temos de salvar o mundo. "O problema é que alguns acham que é necessário um plano incrivelmente grandioso, do tipo 'vou acabar com a violência no Oriente Médio'", exemplifica o reverendo Moss. "No entanto, o senso de propósito pode ser por algo muito simples — o dom de encorajar outras pessoas, os cuidados com sua avó ou ser um bom pai para seus filhos. Pode ser qualquer coisa em que você saiba que está permitindo que a mão de Deus o guie, que traga amor para o mundo."

Uma crença de que você está cumprindo seu propósito

Ter o senso de propósito é uma das bases fundamentais da vida espiritual. Todos nós precisamos sentir que somos peças valiosas de uma sociedade e que contribuímos de alguma maneira com ela.

"Acho que todo ser humano, para o pleno desenvolvimento da alma, tem de ter a sensação de que fez uma diferença no mundo, de que o mundo, em maior ou menor nível, passou a ser um lugar melhor depois que você passou por ele", afirma o rabino Harold S. Kushner, autor de *Quando coisas ruins acontecem a pessoas boas* e *Que tipo de pessoa você quer ser?*. "É ter o senso de propósito e cumprir com sucesso esse propósito."

Fazer a diferença muitas vezes pode significar ter de mudar sua vida, o que talvez exija coragem e correr riscos. Por exemplo, se você é advogado e tem uma carreira de sucesso, mas que não lhe traz satisfação, e sempre quis ensinar crianças pobres em um país em desenvolvimento, precisará dar um passo significativo para alcançar seu objetivo.

É claro que fazer a diferença nem sempre se refere à carreira ou trabalho. Pode ser também você desafiar-se de alguma forma para além da sua zona de conforto.

"Você deve permitir-se ficar desconfortável", diz o doutor Larry Dossey, autor de *As palavras curam* e *O poder de cura das coisas simples: saúde e felicidade sem remédios ou cirurgia*. "É fácil permanecer com seus hábitos, suas raízes e rotinas. Estou falando sobre ir para um lugar onde você nunca esteve antes, fazer algo inédito, como talvez posicionar-se em determinada questão."

E hoje existem questões de sobra para nos posicionarmos. "Abrace o mundo com carinho e compaixão", aconselha o doutor Dossey. "Esta é mais do que uma frase de efeito: hoje em dia, é uma questão de urgência. Num momento em que o destino do nosso planeta pode estar em perigo por causa de degradação ambiental, mudanças climáticas, superpopulação e guerras desencadeadas por centenas de discórdias, um esforço para abraçar o mundo é mais fundamental do que nunca se quisermos sobreviver."

A labuta diária

Não há nada mais debilitante para o espírito do que levantar-se todas as manhãs e ir para um trabalho que você detesta. Infelizmente é isso o que muita gente faz. Nos últimos vinte anos, o nível de satisfação com o trabalho nos Estados Unidos vem declinando entre pessoas de todas as idades e classes sociais, de acordo com o Conference Board, um grupo internacional de pesquisas de negócios. Segundo uma pesquisa realizada pelo grupo em 2006, menos da metade de todos os norte-americanos afirmam gostar dos seus empregos, comparados com 61% em 1987; a pesquisa revelou que os mais insatisfeitos são os jovens com menos de 25 anos.

Deus: masculino ou feminino?

Quem ou o que é Deus? Seguem aqui algumas descobertas fascinantes extraídas de uma pesquisa realizada em 2006 pela Harris Poll:

- 73% dos americanos acreditam em Deus, mas somente 58% estão "absolutamente certos" de que Deus existe.
- 6% dos americanos não acreditam em Deus.
- 73% dos republicanos estão "absolutamente certos" de que Deus existe, enquanto 58% dos democratas têm essa certeza.
- 36% dos americanos acham que Deus é do sexo masculino, e 1% acredita que Deus é do sexo feminino.
- 41% dos americanos acreditam que Deus é um espírito ou poder capaz de adquirir forma humana, mas não é inerentemente humano.
- 9% acreditam que Deus tem uma forma humana.
- 44% dos americanos acreditam que Deus observa, mas não controla o que acontece na Terra.

Fonte: The Harris Poll® #80, de 31 de outubro de 2006.

Quem é feliz?

Os norte-americanos são. Uma enquete recente realizada pela Harris Poll revelou que admiráveis 94% dos americanos estão satisfeitos com suas vidas. A pesquisa diz que 56% afirmaram estar muito satisfeitos, e 38%, razoavelmente satisfeitos.

Embora tenha havido um nível geral de satisfação com a existência em todos os grupos etários, os americanos mais idosos (62 anos em diante) estão mais satisfeitos do que os das gerações mais novas (18 a 30 anos). As regiões do país também divergiram em suas respostas: 60% dos habitantes da região sul e 62% da região oeste acham que suas vidas melhoraram nos últimos cinco anos, comparados a apenas 42% dos habitantes da região leste.

No que se refere ao futuro, três em cada cinco americanos acham que suas existências irão melhorar nos próximos cinco anos. Mais uma vez, houve uma diferença no nível de otimismo de cada região: 68% dos moradores do oeste esperam que suas vidas melhorem, e 56% dos moradores do leste compartilham a mesma esperança.

Fonte: The Harris Poll® #80, de 14 de agosto de 2007.

Lembrete sagrado: ritual significativo

Seu lugar sagrado é onde você pode
encontrar
a si mesmo muitas e muitas vezes.

— JOSEPH CAMPBELL

Para muitas pessoas, a palavra *ritual* evoca imagens de bruxarias ou estranhos passos de dança realizados sob a luz da Lua. Na verdade, todas as culturas possuem seus rituais, e todos participamos deles. Eles são lembretes de eventos significativos. Por exemplo, existem rituais para comemorar as passagens importantes de nossa existência — casamento, nascimento e morte. Há os rituais das datas festivas — ver a bola cair na Times Square em Nova York, na véspera do Ano-Novo, ou enfeitar a árvore de Natal são apenas alguns. Existem também os rituais diários e os familiares. O ritual nos conecta.

Muitas religiões utilizam-no — normalmente em cerimônias com orações ou música — para nos lembrar da nossa conexão com Deus. Porém não importa qual seja a sua fé, você pode criar seus próprios rituais espirituais. Eles não precisam ser elaborados — podem ser palavras simples vindas do coração, escritas por você mesmo. Os essenciais para os rituais significativos são:

- Qualquer forma de oração, meditação ou atividade que aprofunde a conexão espiritual
- Um espaço sagrado em sua casa

Por que precisamos de rituais

Os rituais são atos simbólicos — servem para nos lembrar de algo importante e significativo para nós. Por exemplo, os rituais associados a batismos, casamentos ou funerais ajudam-nos a comemorar a mudança de um tipo de vida para outro. E aqueles ligados a certas datas festivas — muito embora essas datas talvez sejam de natureza espiritual — fazem-nos recordar da conexão com amigos e família, bem como com nosso passado.

"Os rituais referem-se ao significado", diz o reverendo Otis Moss III. "Sejam eles rituais de fé ou de comunidade, acredito firmemente que ter esses símbolos em nossa existência de maneira consistente é importantíssimo, porque eles elevam o espírito humano."

Os rituais espirituais nos fazem lembrar de nosso relacionamento com o divino. O objetivo deles é elevar nosso pensamento a um lugar mais alto, onde estaremos mais abertos e receptivos ao espírito. Mas, para que sejam eficazes, eles têm de ser praticados conscientemente. Qualquer ritual praticado de modo impensado por rotina acaba por não ter significado algum.

"Eu defino o ritual como qualquer ato que consagra a vida da alma", opina Thomas Moore, autor de *O que são almas gêmeas?* e *O self original — Meditações — Vivendo com o paradoxo e a originalidade*. "Acho que o ritual é muito importante, entretanto deve ser valorizado e praticado com cuidado. Ir à igreja todos os domingos, por si só, embora tenha algum valor, muitas vezes se torna um ato vazio, no sentido de que nada realmente acontece."

O ritual espiritual deve ter algum sentido para você. Pode ser algo simples — como fazer uma oração silenciosa de agradecimento quando você acorda de manhã —, mas faça-o com consciência. Ele pode envolver gestos, palavras, objetos e imagens, qualquer coisa que signifique algo para você.

"Existe todo tipo de rituais — agradecer pelo alimento antes da refeição é um ritual simples. É esse que proporciona uma atmosfera de espiritualidade ao seu lar e à família", garante Moore. "Necessitamos de algum sinal concreto do que estamos pensando, de que nossa atitude é espiritual — e isso não acontece automaticamente."

O essencial: o que dizem os especialistas

Não é necessário que os rituais sejam cerimônias ou eventos elaborados. Podem ser "qualquer ato que consagre a vida da alma", como nos disse Thomas Moore. Os essenciais para os rituais são:

Qualquer forma de oração, meditação ou atividade que aprofunde a conexão espiritual

O ritual pode ser qualquer coisa que o ajude a se conectar com o espírito: rezar (orações tradicionais ou aquelas que você próprio criou), meditar, contemplar, entoar cânticos ou canções — até mesmo escrever pode ser uma forma de ritual. Você pode usar suas próprias palavras para rituais por inúmeros motivos: gratidão, perdão, cura. Como parte do ritual, se quiser, incorpore objetos que ajudem a estabelecer um "clima" contemplativo: acender velas, incenso, tocar sinetas, músicas suaves e inspiradoras, ou colocar por perto objetos ou imagens que lhe sejam importantes.

A única exigência é que as palavras e o ato sejam significativos para você. "Você pode fazer qualquer coisa, se isso o afeta de maneira profunda", diz Moore.

O ritual espiritual é seu momento sagrado. Como e quando é praticado depende de você, é claro. Para algumas pessoas ajuda reservar um determinado período de tempo. Na verdade, muitas religiões têm orações para momentos específicos do dia. Por exemplo, os católicos (e algumas outras denominações cristãs) rezam o Angelus três vezes por dia, em geral às seis da manhã, ao meio-dia e às seis da tarde, e os muçulmanos rezam o Salat, orações diárias recitadas cinco vezes durante o dia — da aurora ao nascer do sol, logo depois do amanhecer, ao meio-dia, no fim da tarde e entre o pôr do sol e a meia-noite.

Ter um tempo estabelecido para seu ritual talvez o ajude a mudar a marcha da dimensão mundana para uma dimensão mais espiritual. É bem provável que se transforme em um hábito que diz: este é o meu momento de parar e de me conectar comigo mesmo e com o espírito.

"Se você reservar um tempo e um lugar em sua casa para praticar um ritual de meditação ou oração, é mais provável que se envolva no ritual do que se ficar mudando diariamente", diz o doutor Larry Dossey. "Esse momento se torna parte dos seus afazeres diários. Então, quando o relógio começa a marcar um determinado horário, aquele seu momento sagrado o chama. Esse é um tempo de se afastar e se desligar da correria insana."

Mas determinar uma hora e um lugar talvez não seja o ideal para você. Afinal, tudo o que não se deve é pensar no ritual espiritual como mais uma obrigação, como algo que se deve fazer. "Às vezes acho que as pessoas pensam 'Ah, meu Deus, além de tudo o que já faço, agora ainda tenho de meditar'", diz Elizabeth Gilbert, autora de *Comer, rezar, amar*. Lembre, seu ritual pode ser o que você quiser. "Em alguns dias a minha prática espiritual se resume a sair para uma bela caminhada."

Um espaço sagrado em sua casa

A melhor maneira de renovar um ritual espiritual é criar um espaço sagrado em sua casa — um local separado e montado especificamente para você se conectar consigo mesmo e com o espírito. O espaço sagrado deve ser um santuário de calma. Pode ser algum tipo de altar, ou um cômodo inteiro, ou até mesmo um cantinho tranquilo em seu jardim. O espaço deve conter qualquer coisa que tenha significado para você.

"Um dos objetivos do ritual é ser uma arte da memória, de lembrá-lo de coisas que são importantes", ensina Moore. "Acho que é útil ter objetos ou imagens à sua volta — eu me cerco de pinturas e esculturas em meu mundinho."

Objetos e imagens podem incluir flores, livros sagrados como a Bíblia, fotografias de pessoas que você ama, obras de arte, pinturas da natureza ou de temas religiosos — tudo o que evoque sentimentos espirituais. Um dos objetos com significado importante para Moore é uma estátua de bronze do santo de quem ele recebeu o nome, São Thomas More.

Esses objetos não se destinam a adoração — são meramente lembretes. "Em nossa casa temos pequenos altares, com objetos sagrados que coletamos no decorrer dos anos", comenta o doutor Dossey. "E a cada vez que passamos por eles, a memória é evocada."

Além de criar um espaço exclusivo para a oração ou a contemplação, é também relevante pensar em sua casa inteira de maneira espiritual. "Devemos valorizar a sacralidade daquilo que nos rodeia — a sacralidade do lar, de forma que a casa não seja apenas um abrigo, mas um lugar sagrado", sugere Moore. "Você pode projetar e mobiliar sua casa para que não seja apenas um lugar prático, mas para transmitir a sensação da sacralidade do casamento, da família e da amizade."

Cuidando de nossos próprios jardins

Como nos tornamos mais receptivos ao espiritual?

"Cuide-se, cuide-se, cuide-se", é o conselho de Elizabeth Gilbert, autora de *Comer, rezar, amar*. Embora ajudar o próximo seja parte essencial de ser espiritualizado, também temos de cuidar de nossas próprias necessidades. A negligência consigo mesmo às vezes leva ao desgaste emocional. "Acho que as pessoas muitas vezes não se incluem nas hostes de necessitados. O serviço voluntário é algo maravilhoso, mas às vezes você tem de se permitir dormir até tarde num domingo, ou faltar ao trabalho, desligar o telefone e aconchegar-se na poltrona com uma caneca de chocolate quente para ler um livro. Esses também são caminhos para se chegar ao coração, porém são muito difíceis de se fazer, pois quase sempre são acompanhados da culpa que sentimos por tudo o que tem sido negligenciado."

Gilbert enfatiza que você precisa ser capaz de ajudar a si mesmo antes de ajudar os outros. "Há uma história sobre um guru indiano que foi para os Estados Unidos. Ele conversava com uma mulher muito confusa e desesperada — digo isso com uma certa afeição, pois eu mesma já fui assim — e disse a ela: 'O que você quer da vida?' A mulher respondeu: 'Quero ajudar as pessoas.' 'Mas se ainda não fez isso nem por si mesma, como pode ajudar alguém?' Por essas e outras eu gostaria de ser uma missionária do autocuidado, para promover a bondade e o perdão a nós mesmos em nossa jornada espiritual."

Este livro foi composto em Garamond
e impresso pela Ediouro Gráfica sobre
papel offset 75g para a Ediouro em maio de 2010.